AF325777

F. Maurette

RÉSUMÉ AIDE-MÉMOIRE

GÉOGRAPHIE DES

Principales Puissances

Philosophie, Mathématiques

Baccalauréat 2e partie

HACHETTE ET Cie

1 fr. 50

Résumé   Aide-Mémoire

GÉOGRAPHIE

DES

Principales Puissances du Monde

Résumé Aide-mémoire

GÉOGRAPHIE

DES

Principales Puissances

DU MONDE

RÉDIGÉ CONFORMÉMENT AUX PROGRAMMES OFFICIELS
DE L'ENSEIGNEMENT SECONDAIRE ·

PAR

F. MAURETTE

Professeur agrégé d'Histoire et de Géographie

CLASSES DE PHILOSOPHIE ET DE MATHÉMATIQUES
Baccalauréat — 2ᵉ partie

TROISIEME ÉDITION

PARIS

LIBRAIRIE HACHETTE ET Cⁱᵉ

79, BOULEVARD SAINT-GERMAIN, 79

1909

GÉOGRAPHIE

LE ROYAUME-UNI
ET L'EMPIRE BRITANNIQUE

I. — LE SOL DU ROYAUME-UNI.

La nature du sol destinait le Royaume-Uni 1° à la vie maritime et commerciale; 2° à la prédominance économique de la Grande-Bretagne sur l'Irlande; 3° à la prédominance de la vie industrielle sur la vie agricole.

Le sol de l'archipel britannique est pour la majeure partie très ancien : avec le reste de l'Europe du Nord-Ouest, dont rien ne le séparait, il formait dès l'*ère primaire* un continent, grâce aux **plissements calédoniens** et **hercyniens**. Seule, la portion Sud-Est resta immergée pendant les *ères secondaire* et *tertiaire*; des **terrains sédimentaires** s'y déposèrent; ils constituent aujourd'hui le ***Bassin de Londres***. A la fin de l'ère tertiaire, ce bassin a définitivement émergé, et divers **mouvements du sol** ont formé la *Manche* et la *Mer d'Irlande* et séparé la Grande-Bretagne : d'une part, du continent, de l'autre, de l'Irlande.

1. Le Royaume-Uni est constitué par un archipel. — Le *Royaume-Uni de Grande-Bretagne et d'Irlande* est constitué par l'archipel britannique, qui comprend deux grandes îles : la Grande-Bretagne et l'Irlande, entourées d'îles plus petites : les *Shetland*, les *Orcades*, les *Hébrides, Anglesea, Man*, les *Sorlingues, Wight*. L'ensemble a une superficie de 314 000 kilomètres carrés, soit les **trois cinquièmes de la France**.

Cet archipel fait partie de l'Europe Occidentale, dont il est séparé par deux mers étroites, la *Manche* et la *Mer du Nord*, et par un détroit plus étroit encore, le *Pas-de-Calais* (33 k.).

2. Le relief de la Grande-Bretagne est varié, celui de l'Irlande est uniforme. — Le relief de la *Grande-Bretagne* est assez varié. Il comprend du Nord au Sud :

1° *l'Écosse*, formée de deux massifs ou Highlands (*Monts Grampian* au Nord, *Monts Cheviot* au Sud) formés de grès primaires, de granits et de schistes usés par une longue érosion. Entre les uns et les autres, s'allonge une dépression de pays-Bas ou **Lowlands**, étroit couloir couvert d'alluvions, s'étendant de la Mer du Nord à la Mer d'Irlande ;

2° *l'Angleterre du Nord-Ouest*, formée de massifs analogues par leur altitude aux massifs écossais, mais où les grès dominent : **Chaîne Pennine**, massifs du **Pays de Galles** et de **Cornouailles** ;

3° *l'Angleterre du Sud-Est* ou *Bassin de Londres*, plaine basse, constituée par des **sédiments** secondaires et tertiaires, *calcaire*, *craie* ou *argile*, de dureté inégale, et où la succession des couches dures aux couches tendres donne lieu à des **lignes de hauteurs**, dont les principales sont les *Downs* crayeuses, au Sud.

Les *côtes* qui correspondent à l'Écosse et à l'Angleterre du Nord-Ouest sont rocheuses, très profondément découpées : *firths* d'Écosse, *baie de Cardigan, canal de Bristol*. Celles qui correspondent au Bassin de Londres sont sensiblement plus droites, plages alluviales ou falaises crayeuses : la plus importante découpure est *l'estuaire de la Tamise*.

Le relief de *l'Irlande* est plus uniforme : c'est une vaste **plate-forme** de grès, de calcaire et surtout d'argile, déprimée au centre, entourée de **massifs** usés par l'érosion : *Monts de Münster, d'Ulster*, etc. Les *côtes* sont beaucoup plus découpées à l'Ouest qu'à l'Est.

3. Le climat a un caractère uniformément maritime ; les rivières, un régime uniformément régulier. — Le climat de l'archipel britannique est partout maritime, c'est-à-dire *tempéré* (étés frais, hivers tièdes) et *très humide* (pluies d'automne, d'hiver et de printemps).

Toutefois, l'extension de l'archipel en latitude fait que la rigueur de la température augmente du Sud au Nord ; la prédominance des vents pluvieux du Sud-Ouest fait que l'humidité diminue de l'Ouest à l'Est.

Les rivières sont courtes, mais de débit abondant et de régime régulier, grâce au climat. Elles sont très navigables. Le relief ne s'oppose presque nulle part à ce qu'on les unisse par des canaux. — Les principales sont : le *Shannon* (Irlande), la *Clyde* (Écosse), la *Trent*, la *Mersey*, la *Severn* et surtout la *Tamise* (Angleterre). — L'Irlande centrale est mal drainée et marécageuse.

4. Les aptitudes agricoles de l'archipel britannique sont faibles. — L'altitude et la latitude rendent les sept dixièmes de l'Écosse inutilisables. Dans le reste de l'archipel, la prédominance des *sols siliceux* (granites, grès, sables) sur les *sols calcaires* (calcaire proprement dit, argile, craie) et l'*humidité du climat* font que :

1° l'archipel britannique est plus propre aux **prairies** qu'aux cultures ;

2° l'archipel britannique est plus propre aux **cultures pauvres** (*pommes de terre, avoine, seigle*) et à certaines cultures industrielles (*lin*) qu'aux cultures riches (blé, betterave). La vigne n'y pousse pas.

Seule exception : le Bassin de Londres, qui est, dans une certaine mesure, plus fertile.

5. Les ressources minérales sont abondantes en Grande-Bretagne. — Le sol de l'Irlande est presque absolument dépourvu de richesses minérales. Mais la Grande-Bretagne en possède une grande abondance. Les deux principales sont :

1° la *houille*, gisant en bassins étendus, d'où l'extraction du combustible est facile, grâce à leur relief, et l'exportation peu coûteuse, grâce à leur proximité de la mer. Les huit principaux sont : le **bassin de la Clyde**, dans les Lowlands d'Écosse ; les cinq **bassins de la chaîne pennine** ; les deux **bassins du pays de Galles** ;

2° le *minerai de fer*, dans les mêmes régions que la houille. Le Bassin de Londres n'a ni houille, ni fer.

II. — LES HABITANTS DU ROYAUME-UNI.

Grâce à sa situation insulaire, la population britannique a pu constituer progressivement et librement son individualité nationale, son régime politique et sa fortune économique.

*
* *

Les dates essentielles de l'histoire du peuple anglais sont les suivantes : *1091.* Établissement des Normands en Angleterre; — *1215.* Promulgation de la *Grande Charte*; — *1689.* Proclamation de la *Déclaration des Droits*; — *1707.* Accession de l'Écosse au *Royaume-Uni*; — *1800.* Accession de l'Irlande.

6. La population britannique a été formée par un premier fond celtique et par plusieurs invasions germaniques. — La population de l'archipel britannique était constituée dans l'antiquité par des **peuplades primitives**, dont les mieux connues à l'heure actuelle sont les **Celtes** ou **Galls.**

Pendant les premiers siècles de notre ère, la richesse agricole du Bassin de Londres a attiré et fixé des peuplades marines d'origine germanique (*Jutes, Angles, Saxons*) ou scandinave (*Danois*); la dernière invasion fut celle des **Normands.** Les envahisseurs ont repoussé les Celtes en Irlande et dans les portions montagneuses de la Grande-Bretagne.

La population britannique comprend donc aujourd'hui :

1° des **autochthones,** Celtes ou autres, presque seuls en *Irlande*, en majorité en *Écosse*, en *Pays de Galles* et en *Cornouailles*. Ils parlent le celte et sont catholiques (Irlande) ou protestants dissidents :

2° des **Anglo-Saxons** mêlés de *Normands*, presque seuls dans le *Bassin de Londres*, très nombreux dans l'*Angleterre du Nord-Ouest*; ils parlent anglais et pratiquent la religion anglicane. C'est de plus en plus la race dominante, grande, blonde, sanguine, active.

7. Au point de vue politique le Royaume-Uni est le plus ancien état parlementaire. — Abrité dans ses îles contre les fluctuations de la politique européenne, le

Royaume-Uni est devenu une **monarchie parlementaire** par une **lente évolution**, commencée par la *Grande Charte* (1215), terminée par la *Déclaration des Droits* (1689) et qui se continue par une lente évolution vers le **régime démocratique**.

Le *gouvernement* comprend : 1° un **souverain héréditaire**, prenant ses *ministres* dans la majorité du parlement; 2° un **parlement**, se composant d'une *Chambre des Lords*, soit héréditaires, soit désignés par leurs fonctions (prélats), soit élus, et d'une *Chambre des Communes*, élue pour 7 ans.

L'*administration* est très décentralisée. Les circonscriptions administratives, **comtés et bourgs**, sont presque autonomes.

8. Au point de vue économique, le Royaume-Uni a évolué entre le XVIII° et le XIX° siècle. — *Jusqu'au* XVIII° *siècle*, le Royaume-Uni fut surtout un pays agricole, si peu industriel qu'il exportait en Flandre la laine de ses moutons. *Du milieu du* XVIII° *siècle à nos jours*, le développement de la grande industrie par la houille et l'abondance de ce combustible dans le sous-sol de la Grande-Bretagne en ont fait un **pays presqu'exclusivement industriel**.

L'apparition sur le marché du monde des *pays neufs*, aux vastes territoires, aux cultures extensives et peu coûteuses, a accentué cette évolution.

9. Cette évolution a influé sur la densité et la répartition de la population. — Grâce à cette évolution économique et malgré une forte émigration, le Royaume-Uni compte aujourd'hui 45 millions d'habitants, 140 au kilomètre carré, densité la plus forte des grands États européens.

La constitution de l'Angleterre industrielle a eu pour effet :

1° d'augmenter la population globale du royaume;

2° d'augmenter la proportion de la *population urbaine* · 38 villes dépassent 100 000 habitants;

3° de déplacer les grands centres de population de l'Angleterre agricole (Bassin de Londres) vers l'Angleterre industrielle (Nord-Ouest).

III. — LES GRANDES RÉGIONS DE VIE HUMAINE
DU ROYAUME-UNI.

Les régions vitales sont le Bassin de Londres, l'Angleterre du Nord-Ouest et les Basses-Terres d'Écosse.

****

L'Irlande est moins favorisée que la Grande-Bretagne 1° par ses **ressources naturelles** (v. 13); 2° par le régime auquel l'a soumise la monarchie anglaise qui l'a traitée en pays conquis : oppression politique (liberté nulle), oppression économique (la propriété est presque en entier dans la main de propriétaires anglais, peu nombreux). De là le dépeuplement de l'Irlande (émigration).

10. Le Bassin de Londres ne doit aujourd'hui son importance qu'à sa capitale, Londres, et à sa situation par rapport au continent. — Bassin sédimentaire, où, à côté de la craie sèche, se trouvent des calcaires et des argiles plus fertiles, de climat moins humide que le reste de la Grande-Bretagne, le Bassin de Londres a produit jusqu'au xviii° siècle des **céréales**. Mais, depuis, celles-ci ont presque partout été remplacées par des **pâturages**, à *bœufs* et à *chevaux* dans la plaine, à *moutons* sur les collines crayeuses. Cette évolution a coïncidé avec celle de la **propriété**, les petites propriétés disparaissant de plus en plus devant les grandes.

Jadis région vitale de l'Angleterre agricole, le Bassin de Londres doit son importance dans l'Angleterre industrielle :

1° à *Londres* (4 721 000 h., 6 907 000 avec les faubourgs), sur l'estuaire de la Tamise, le *premier port* et la *première ville* du monde, qui doit cette importance à son rôle de capitale d'un immense empire, à son arrière-pays industriel et à sa situation en face des grands États de l'Europe occidentale;

2° à la *côte de la Manche*, la mer où passe tout le grand trafic entre l'Europe occidentale et le Nouveau Monde. Principaux ports : *Douvres, Folkestone, Newhaven, Brighton,* Southampton, *Plymouth*.

11. L'Angleterre du Nord-Ouest est le grand foyer industriel du Royaume-Uni. — De sol surtout granitique, gréseux ou argileux, de climat trop humide, l'Angleterre du Nord-Ouest n'est bonne qu'aux pâturages. C'est un pays d'élevage (*bœufs de Durham, chevaux d'York*) et de très grande propriété.

Mais surtout, grâce à la houille, elle est devenue un pays de *grande industrie* : industrie métallurgique. dont les centres sont Birmingham (548 000 h.) et Sheffield (447 000 h.) ; industries textiles, soit *industrie de la laine* indigène et importée, dont les centres sont Leeds (463 000 h.) et Bradford, soit *industrie du coton*, dont le centre est Manchester (637 000 h.).

L'importation des matières premières (coton), l'exportation des produits fabriqués et de la houille, se font par une série de ports : Liverpool (739 000 h.), le second port de l'Europe, *Cardiff, Bristol, Newcastle* et *Hull*.

12. La vie de l'Écosse est concentrée dans les Basses Terres. — Au Nord et au Sud de l'Écosse, les *Highland* ne sont peuplés que de petites communautés pastorales, plus nombreuses au Sud, dans les *Monts Cheviot* (élevage des moutons à laine).

Mais la ligne centrale des **Basses Terres**, abritées, chaudes et couvertes d'alluvions, a toujours été couverte de riches prairies. De plus, la présence de la houille et du fer, l'élevage du mouton, en ont fait une région d'industrie métallurgique et textile (laine et coton) dont le centre est le grand port de Glasgow (847 000 h.). Autres grandes villes, toutes dans les Basses Terres : Édimbourg (345 000 h.), capitale politique et intellectuelle ; *Dundee, Perth*.

13. L'Irlande n'a que des aptitudes agricoles. — Peu fertile, humide, mal drainée au centre et couverte de lacs et de marécages, l'Irlande était naturellement destinée aux prairies et à l'élevage. L'état de la *propriété*, concentrée dans les mains de quelques propriétaires anglais, l'y a définitivement condamnée. Seule culture répandue : la pomme de terre.

Privée de houille, elle n'a d'autre industrie que celle du lin (toiles) propre aux terres humides.

La population, clairsemée, surtout dans le centre, a diminué de moitié au xix⁰ siècle par suite de l'émigration vers l'Amérique, causée par le régime politique et social. L'Irlande n'a que 4 458 000 habitants. Les villes sont surtout sur la bordure orientale : Dublin (373 000 h.), *Belfast, Cork*; à l'Ouest, *Limerick*.

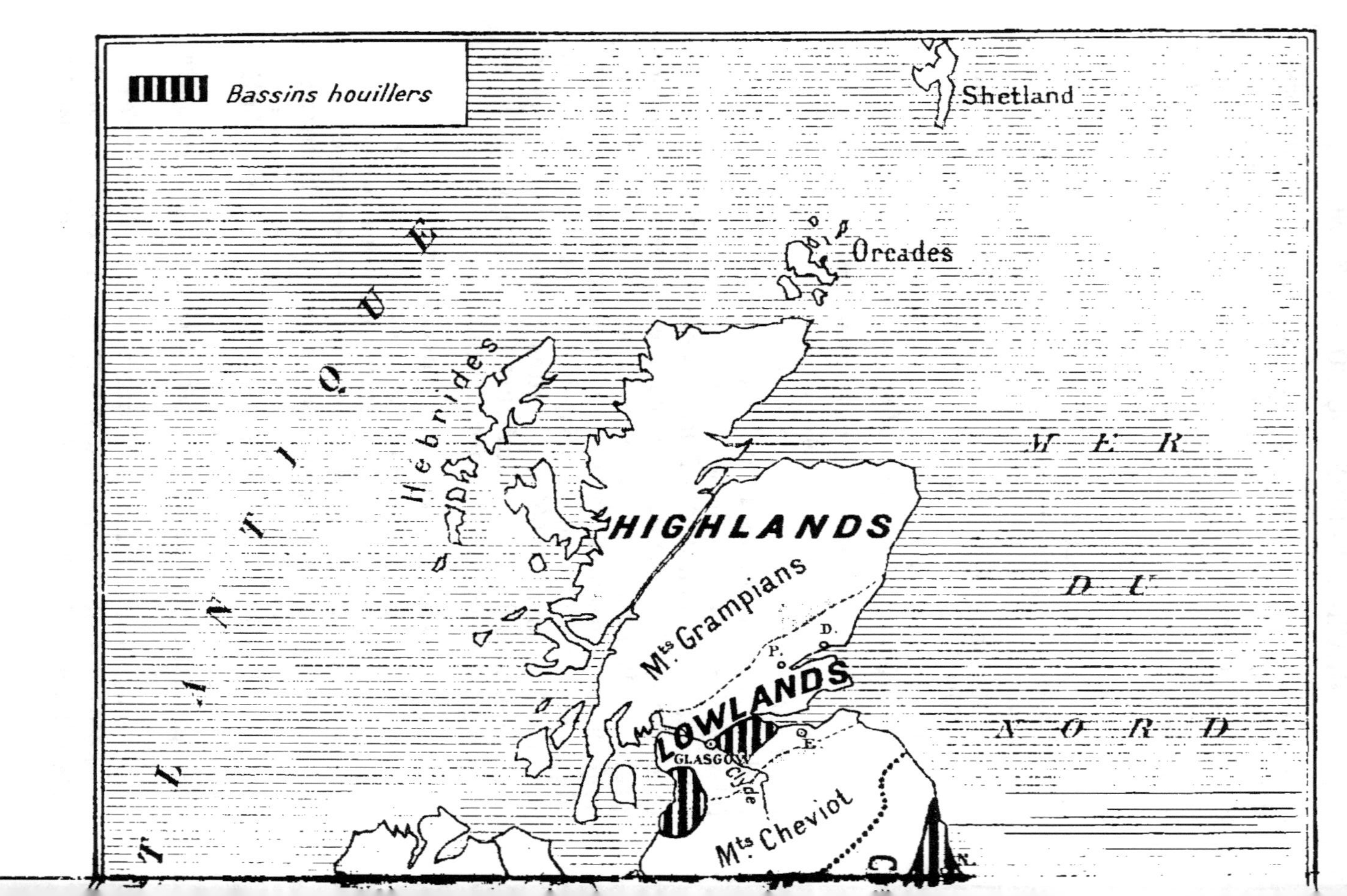

Bassins houillers
Shetland
Orcades
Hebrides
HIGHLANDS
Mts Grampians
LOWLANDS
GLASGOW
Clyde
Mts Cheviot
ATLANTIQUE
MER DU NORD

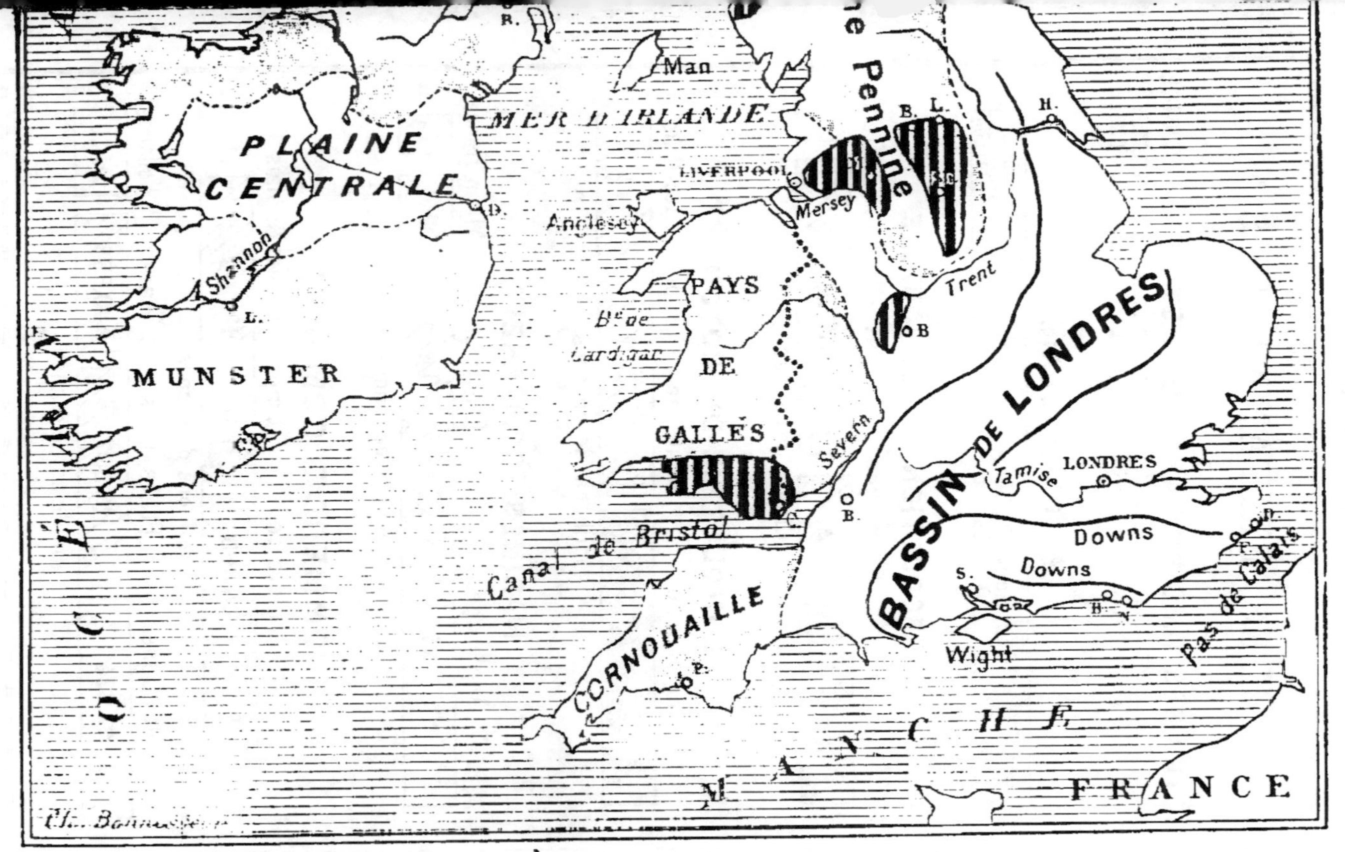

Fig. 1. — Iles britanniques.

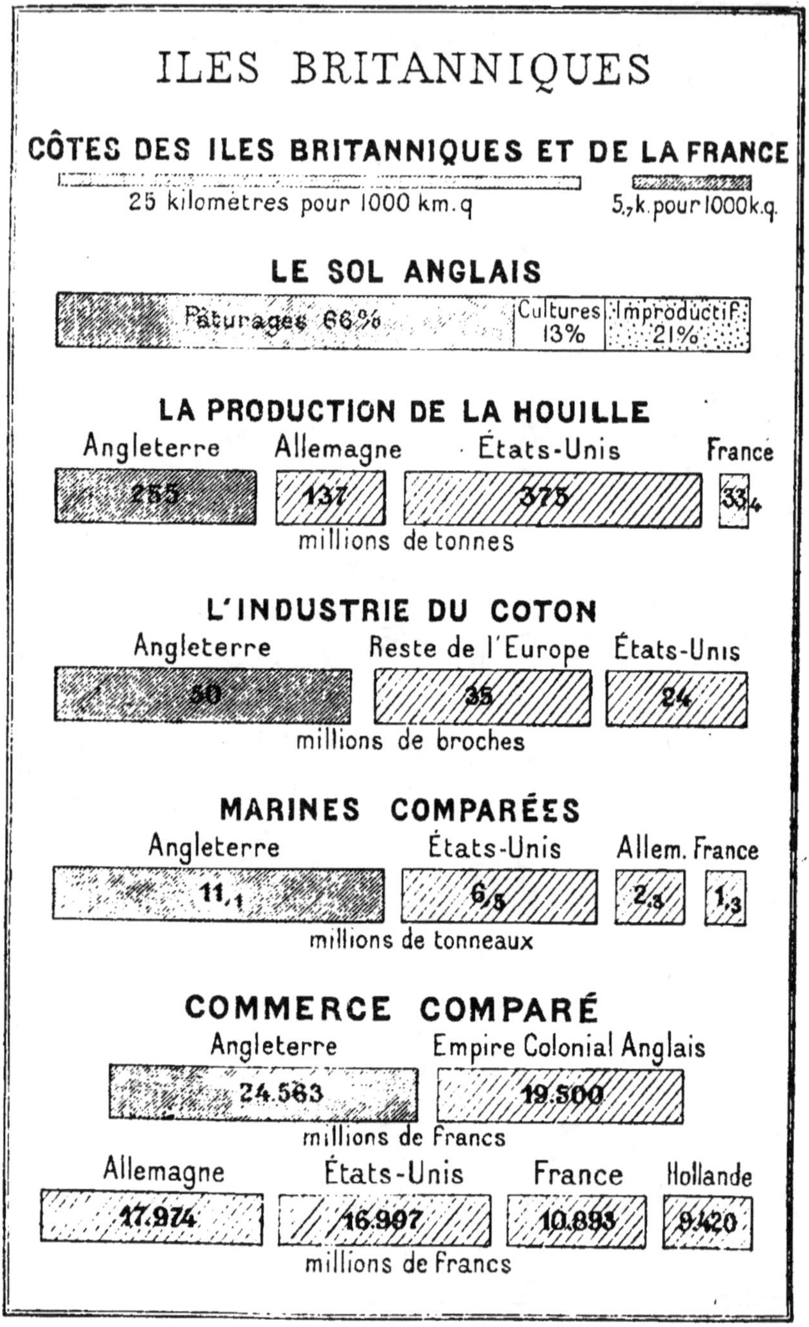

ILES BRITANNIQUES

CÔTES DES ILES BRITANNIQUES ET DE LA FRANCE

25 kilomètres pour 1000 km. q   5,7 k. pour 1000 k.q.

LE SOL ANGLAIS

Pâturages 66%   Cultures 13%   Improductif 21%

LA PRODUCTION DE LA HOUILLE

Angleterre   Allemagne   États-Unis   France

255   137   375   33,4

millions de tonnes

L'INDUSTRIE DU COTON

Angleterre   Reste de l'Europe   États-Unis

50   35   24

millions de broches

MARINES COMPARÉES

Angleterre   États-Unis   Allem.   France

11,1   6,8   2,3   1,3

millions de tonneaux

COMMERCE COMPARÉ

Angleterre   Empire Colonial Anglais

24.563   19.500

millions de francs

Allemagne   États-Unis   France   Hollande

17.974   16.997   10.893   9.420

millions de francs

Fig. 2. — La puissance britannique.

IV. — LA VIE ÉCONOMIQUE DU ROYAUME-UNI.

Le Royaume-Uni est un pays spécialisé, où les intérêts agricoles sont sacrifiés aux intérêts industriels. C'est la première puissance commerciale du monde.

***

Principaux produits de l'élevage anglais : *bœufs* de Durham, *vaches* du Devonshire, *chevaux* du Yorkshire et d'Irlande, *moutons* des Downs et des Cheviot. — **Principaux produits de l'industrie anglaise :** *rails* et *machines* de Birmingham, *coutellerie* de Sheffield, *cotonnades* de Manchester, *lainages* de Leeds et Glasgow, *toiles* d'Irlande.

14. Le Royaume-Uni est de moins en moins une puissance agricole; seul, l'élevage y est prospère. — Presque complètement défriché et dépourvu de forêts (sauf en Écosse), *le Royaume-Uni ne produit presque plus de céréales*, pour quatre causes :

1° le **climat**, trop humide;

2° le **sol**, en général trop infertile;

3° la **concurrence** des pays neufs et leurs importations favorisées par le *libre-échange* nécessaire à l'industrie ;

4° le **régime de la grande propriété**.

Le Royaume-Uni n'a qu'un dixième de son sol cultivé en céréales (*blé*, *orge*, *avoine*); culture intensive, très coûteuse. La seule culture industrielle répandue est celle du *lin*.

L'élevage, au contraire, y est très prospère (*bœufs et vaches, moutons, chevaux*) pour trois causes :

1° l'**humidité** du climat ;

2° la grande **consommation** de viande du peuple anglais;

3° les **besoins** de l'industrie lainière.

Pourtant les produits de l'élevage anglais sont loin de suffire aux besoins du Royaume en viande et en laine.

15. Le Royaume-Uni est encore aujourd'hui la première puissance industrielle du monde. — Grâce à sa richesse en *houille*, en *minerai de fer* et en *laine*, à la facilité de se procurer des matières premières par la *mer* et au *libre-échange*, le Royaume-Uni est devenu la première puissance industrielle du monde.

L'industrie métallurgique y est très prospère. Elle est toutefois dépassée par celles des États-Unis et de l'Allemagne. L'industrie textile (toiles d'Irlande, lainages et cotonnades) est la première du monde, surtout pour les cotonnades.

16. Tout contribue à faire du Royaume-Uni une grande puissance commerciale. — Le Royaume-Uni était destiné à une grande prospérité commerciale :

1° par sa **situation maritime** et le développement de ses côtes;

2° par sa **spécialisation** : excès de la production industrielle, insuffisance de l'agriculture et des matières premières.

Il a encore augmenté ces aptitudes naturelles :

1° par l'établissement du **libre-échange** ;

2° par la création d'un **empire colonial,** lui fournissant une bonne partie de sa clientèle ;

3° par la création de **voies de communications intérieures** : *rivières* naturellement navigables, reliées par des *canaux*; surtout, *voies ferrées* : 36 500 kilomètres de chemins de fer, plus de 1 kilomètre pour 9 kmq. de superficie;

4° par l'**outillage de ses ports,** presque tous installés dans les profonds *estuaires* de ses rivières et reliés à l'intérieur par des voies d'eau naturelles;

5° par la création d'une **marine marchande,** la première du monde, qui sert non seulement au *commerce britannique,* mais au *commerce étranger.*

17. Le Royaume-Uni importe plus qu'il n'exporte. — Le Royaume-Uni importe près de deux fois plus qu'il n'exporte. Le déficit qui en résulte est largement comblé par la *location de sa flotte de commerce* et par le placement de ses *capitaux* aux colonies ou à l'étranger.

Il **importe** : des *produits alimentaires* (céréales, viande, vin, légumes et fruits, denrées coloniales), des *matières premières* (coton, laine) et des *produits de luxe* (soieries, articles de Paris). — Il **exporte** : des *produits manufacturés,* de la *houille* et du *minerai de fer.*

Il **achète** surtout aux *États-Unis,* à la *France* (dont il est le meilleur client), à ses *colonies,* à l'*Europe occidentale.* Il **vend** surtout à ses *colonies,* aux *États-Unis* et à l'*Europe occidentale.*

V. — L'EMPIRE COLONIAL BRITANNIQUE.

L'empire britannique est la première puissance coloniale du monde.

***

Principales dates de la constitution de l'Empire anglais : *1763*. Cession de l'Inde et du Canada par la France ; — *1786*. Perte des autres colonies de l'Amérique du Nord (États-Unis) ; — *1788*. Premier établissement anglais en Australie ; — *1815*. Annexion définitive de la colonie du Cap ; — *1902*. Annexion du Transvaal et de l'Orange.

18. L'empire colonial britannique est le premier du monde. — L'empire colonial britannique a un territoire 92 fois plus étendu que celui de la métropole et représente un **cinquième des terres émergées.** Il a une population de **400 millions d'habitants,** près de 10 fois celle de la métropole, **représentant le quart de la population du globe.**

C'est le premier empire colonial du monde, de beaucoup supérieur à ceux de la France et des Pays-Bas. Seul l'Empire Russe peut se comparer à lui pour l'étendue, mais non pour la population ou pour la valeur économique.

19. Cet empire comprend des domaines étendus et des postes commerciaux. — Grand État commerçant, le Royaume-Uni n'avait pas seulement besoin de *domaines* d'exploitation ou de commerce ; il lui fallait aussi des *postes de ravitaillement* et des *escales* pour ses navires. C'est ainsi qu'il possède :

1° *En Europe.* Postes : *Gibraltar, Malte, Chypre* (route de la Méditerranée).

2° *En Asie.* Territoires : l'*Inde,* le *Baloutchistan,* la *Birmanie.*

Postes : les *Établissements des Détroits* (Singapour, le Nord de *Bornéo*), l'île de *Hong-Kong, Weï-Waï-Weï* (Chine) (route de l'Extrême-Orient).

3° *En Afrique.* Territoires : *Gambie, Sierra-Leone, Côte d'Or* et *Lagos, Nigeria, Somalie anglaise, Afrique orientale anglaise, Afrique australe.*

Postes : îles *de l'Ascension*, de *Sainte-Hélène*, de *Tristan da Cunha* (Atlantique), île *Maurice* (Océan Indien).

4° *En Amérique.* Territoires : *Canada, Jamaïque* et la plupart des *Petites Antilles* (route future du canal de Panama) ; *Guyane anglaise.*

Postes : îles *Falkland* (Océan Antarctique).

5° *En Océanie.* Territoires : *Australie, Nouvelle-Zélande.*

Postes : îles *Fiji, Tonga, Salomon,* etc.

20. Les colonies britanniques sont, soit des colonies de peuplement, soit des territoires d'exploitation, soit des foyers d'importation pour les produits et surtout pour les capitaux anglais. — Le Royaume-Uni tire un triple profit de son empire colonial :

1° Certaines colonies sont exclusivement ou en grande partie peuplées d'Anglo-Saxons : l'Australie, l'Afrique australe, le Canada. Le Royaume-Uni est le pays qui a fourni la plus abondante émigration au cours du xix° siècle. Les États-Unis ont absorbé une grande partie de cette émigration ; mais les colonies anglaises en ont absorbé plus encore. Total de l'émigration anglaise au xix° siècle : 13 millions d'individus.

2° Certaines autres sont d'excellents territoires d'exploitation agricole et d'alimentation pour la Grande-Bretagne industrielle. Ils permettent aux navires anglais, qui y importent les produits industriels de l'Angleterre, d'en exporter vers ce pays leurs produits agricoles et d'avoir ainsi un *frêt de retour*, au lieu de revenir à vide.

3° Beaucoup de colonies anglaises, pays neufs et surtout agricoles, sont des buts d'exportation pour l'industrie anglaise. Certaines d'entre elles, soucieuses de se créer une industrie, n'ont pu le faire qu'avec des capitaux anglais : l'Angleterre est le *banquier* de ses colonies.

VI. — L'INDE

La Possession de l'Inde constitue un véritable monde par son étendue et la densité de sa population. De climat tropical, de population très exclusive, elle n'est pour le Royaume-Uni ni une colonie de peuplement ni une colonie d'exploitation. Mais ses ressources, actuellement limitées à l'agriculture, en font un client de l'Angleterre industrielle.

La **constitution géologique** de l'Inde s'explique par trois faits : 1° l'existence très ancienne, sur l'emplacement de l'*Océan Indien*, d'un *continent* qui s'effondra, et dont les fragments subsistants ont formé Madagascar, l'Australie, et, dans l'Inde, le **plateau du Dekkan**; 2° l'existence, au Nord de ce continent, d'une *mer* dans laquelle se déposèrent les sédiments secondaires et tertiaires; ceux-ci, à l'époque des *plissements alpins* (ère tertiaire), se plissèrent et formèrent l'**Himalaya**; 3° le comblement postérieur de la *dépression* séparant le Dekkan de l'Himalaya, par des alluvions. venant surtout de ce dernier, qui forment la **plaine indo-gangétique.**

21. L'Inde a l'étendue et la variété d'un continent. — L'Inde a une superficie de 4 600 000 kmq., soit l'Europe moins la Russie et les Balkans.

Son *relief* comprend, du Nord au Sud, trois parties :

1° L'**Himalaya**, grande et haute chaîne en forme d'arc (Mont Everest, 8840 m.), jeune, comme les Alpes, et, comme elles, sillonnée de *vallées longitudinales* ;

2° La **plaine indo-gangétique,** alluviale et parfaitement plane ;

3° Le **plateau du Dekkan,** surtout cristallin, sauf à l'Ouest, où s'étendent des masses de roches volcaniques plus récentes (basaltes); anciennement plissé, mais ramené par l'érosion à l'état de *pénéplaine* ; plus haut au Sud (1000 m. environ) qu'au Nord (600 m.) et comportant quelques massifs découpés par l'érosion : *Monts Vindhya, Satpoura,* et, en bordure, *Ghates Orientales,* dominant la *côte* alluviale de *Coromandel* et d'O-

rissa, et *Ghates Occidentales*, surplombant la *côte* plus âpre de *Malabar*. Au Sud, l'*île de Ceylan*.

Le *climat* est *tropical*. — La **température**, partout chaude, l'est beaucoup plus dans la plaine que sur le plateau. — Les **vents** sont des *moussons* : mousson marine du S.O. en été (appel d'air vers le continent asiatique surchauffé), mousson continentale du N.E. en hiver (appel d'air du continent asiatique refroidi vers l'Afrique Australe). — Les **pluies**, amenées par la première, tombent en été. Mais elles sont plus abondantes sur le versant marin des hauteurs (Ghates Occidentales), et sur les plaines étroites, dominées par des montagnes condensatrices (plaines côtières de l'Est, partie orientale de la grande plaine) que sur les plaines larges (partie occidentale de la grande plaine), où parfois elles manquent.

Les *cours d'eau*, partout très abondants, sont rapides et torrentiels dans l'Himalaya et dans le Dekkan. La plaine est sillonnée par deux énormes fleuves, **Indus** et **Gange** (aff. : *Brahmapoutre, Djamna*), aux crues d'été (fonte des neiges de l'Himalaya). Tous charrient des masses d'alluvions et se terminent par des *deltas*.

La *végétation* est très variée. — Sur l'**Himalaya** se succèdent de bas en haut toutes les formes de la végétation tropicale à la végétation alpestre. — Les plaines, suivant la quantité de pluie reçue, sont couvertes par la *jungle*, ou haute savane coupée de bois, par la *steppe* ou par le *désert* (à l'Ouest : *désert de Thar*). — Dans le **Dekkan**, les hauteurs bien arrosées comportent la *forêt* (bois précieux : santal, teck, etc.); les parties basses, la *jungle.*

22. L'Inde est très peuplée. — L'Inde a 295 millions d'habitants, autant que l'Europe moins la Russie. Cette population comprend :

1º Les **Dravidiens**, petits, noirs, aux cheveux crépus; les plus anciennement établis; à l'état pur surtout dans le Dekkan ;

2º Les **Aryens**, venus postérieurement par l'Ouest de l'Himalaya; grands, au teint clair; à l'état pur surtout dans le bassin de l'Indus ;

3º Des **Turcs**, venus aussi par l'Ouest; groupés surtout près de l'Iran ;

ÉTENDUE DE L'INDE DANS L'EMPIRE ANGLAIS

POPULATION DE L'INDE DANS L'EMPIRE ANGLAIS

POPULATION URBAINE COMPARÉE

Fig. 3. — Inde.

4° Des **Mongols**, venus par l'Est ; groupés surtout près de la Birmanie.

Dans les parties surpeuplées, ces divers éléments sont mêlés. Les plus nombreux sont les Dravidiens. Mais la langue la plus répandue est la *langue aryenne* (sanscrit modifié), qui seule se parle partout. Principales religions : *brahmanisme, islamisme, bouddhisme.*

23. La population est très inégalement répartie. — La densité moyenne de la population de l'Inde est de 64 habitants au kilomètre carré. Mais partout la densité réelle est beaucoup plus forte ou beaucoup plus faible.

1° L'*Himalaya* n'est peuplé que dans les *vallées intérieures*, où se sont formés de petits États isolés : *Cachmir, Népal.*

2° La **région de l'Indus**, de climat sec (*désert de Thar*), n'est peuplée que dans les *parties irriguées*, soit naturellement (Indus et affluents), soit par canaux. Tels sont le **Pandjab** et le **Sind**, qui se prolonge au Sud par le **Goudjerat**. Principales villes : **Lahore** et *Kouratchi.*

3° La **région du Gange**, naturellement plus arrosée, artificiellement mieux irriguée encore (canaux, puits), est la région la plus riche en céréales et la plus peuplée (200 à 600 habitants au kilomètre carré), dans l'**Oude**, le **Bengale** et surtout le **delta**. Les grandes villes y sont nombreuses : **Calcutta** (1 026 000 h.), **Lucknow**, **Bénarès**, **Dehli**, *Cawnpoor, Allahabad, Patna.*

4° La **partie basaltique du Dekkan**, au Nord-Ouest, bien arrosée et couverte d'une terre rouge ou *regur*, sans doute produite par la décomposition du basalte et favorable à la culture du *coton*, est très prospère, mais moins peuplée que la plaine, parce que moins riche en céréales.

5° La **partie cristalline du Dekkan**, riche en forêts, n'est cultivée et peuplée que dans les dépressions couvertes d'alluvions. Principales villes : **Haïderabad**, *Bangalore, Pouna.*

6° La **côte orientale** (*Coromandel, Orissa*), humide, chaude, riche en *deltas* de rivières et en alluvions, couverte de cultures, est très peuplée. La grande ville est **Madras** (509 000 h.).

7° La **côte occidentale** (*Malabar*), plus abrupte, moins alluviale et moins riche, a toujours été très peuplée, grâce à

son front tourné vers l'Europe et l'Afrique et au commerce
qui en est résulté. La grande ville est **Bombay** (776 000 h).

**24. La vie traditionnelle de l'Inde est agricole ;
l'industrie nait à peine.** — L'*agriculture* est la grande
ressource de l'Inde :

1º parce que les ressources végétales l'emportent sur les ressources minérales (houille, diamants) ;

2º parce que, par atavisme et par religion, **les Hindous** sont
grands consommateurs de céréales.

Les Hindous sont passés maîtres en travaux d'irrigation.
Malgré cela, par manque d'eau, les disettes et les **famines** sont
fréquentes.

Les principaux produits agricoles sont : le **riz**, consommé
par la classe riche ou exporté, le **blé**, le **millet**, consommé par
la masse, le **coton** et le **jute**, l'*indigo*, la *canne à sucre*, le
café, le *thé* et l'*opium*.

Les deux tiers de la population vivent de l'agriculture. Très
dense dans les régions à riz, moins dense dans les régions à
millet, moins encore dans les régions d'autres cultures, cette
population est groupée en *villages*, 3 pour 100 seulement
vivent dans des villes.

L'*industrie* n'a longtemps compris que les petites industries
locales et les industries de luxe. Actuellement, la **grande
industrie**, née autour des grands centres, n'occupe guère plus
d'un million d'indigènes. Elle se limite à l'industrie des *cotonnades*, où elle ne peut concurrencer les États-Unis, et au tis-
sage du *jute*.

**25. L'Inde est une des grandes puissances com-
merciales de l'Asie.** — Pays presque exclusivement agricole,
à peine naissant à la grande industrie, l'Inde est astreinte à
un important mouvement commercial. Elle le fait grâce à
46 000 km. de *chemins de fer* et aux *voies navigables* de la
plaine. Ses trois grands ports sont *Bombay*, *Calcutta* et
Madras.

L'Inde exporte deux fois et demi plus qu'elle n'importe. Elle
importe : des produits manufacturés, presque exclusivement du
Royaume-Uni. Elle **exporte** : une partie de ses céréales (riz),
son thé, son coton et son jute (bruts ou manufacturés), surtout
dans le *Royaume-Uni*, les *États-Unis* et l'*Extrême-Orient*.

L'Angleterre a un double intérêt à garder libre la **route commerciale de l'Inde** : 1° ses *importations industrielles* dans l'Inde ; 2° les *exportations agricoles* de l'Inde (*opium, riz, cotonnades*) vers l'Extrême-Orient.

De là les *postes* qu'elle occupe dans la Méditerranée sur la *route de Suez* (V. 19 et 195) ; le **protectorat** qu'elle exerce sur l'Égypte ; l'occupation de Chypre, d'où elle commandera le futur *transasiatique* (V. 194) qui mènera dans l'Inde par le Golfe Persique ; enfin le **protectorat du Baloutchistan et son action en Afghanistan**, route de terre vers l'Inde (*transcaspien* ; V. 194).

26. La politique anglaise n'a encore eu que peu de prise sur la vieille société hindoue. — L'Inde est une **possession** anglaise, non une colonie. Le nombre des Anglais y est infime : ce sont seulement des fonctionnaires militaires ou civils.

L'Inde a un double gouvernement, l'un à Londres (*Ministère et Conseil de l'Inde*), l'autre à Calcutta (*Vice-Roi et Conseil*), tous deux appointés par le *budget de l'Inde*, comme tous les fonctionnaires et tous les services.

Le Royaume-Uni a maintenu sous son protectorat un grand nombre de *souverains indépendants*, administrant leur État sous le contrôle d'un *résident*.

Le seul profit qu'il tire de l'Inde est le **commerce** qu'il fait avec elle. Aussi n'a-t-il fait que peu d'efforts pour y implanter la grande industrie.

La vieille **société hindoue**, sous la domination anglaise, est restée intacte, soumise au *brahmanisme*, divisée en *castes séculaires*. L'Angleterre et l'Inde s'ignorent mutuellement.

VII. — LE CANADA.

Le Dominion du Canada a contre lui son climat. Sa population est peu nombreuse et agglomérée dans quelques régions. De ressources surtout agricoles, c'est un bon client pour l'Angleterre et les États-Unis.

Le Canada occupe la portion septentrionale de l'*Amérique du Nord*. Les quatre traits suivants la caractérisent : 1° sa forme, massive, le manque d'échancrure où puisse pénétrer la mer causant le *climat continental* ; 2° l'absence sur les côtes de courants chauds, comme ceux qui adoucissent le climat de l'Europe occidentale ; 3° l'existence, dans tout le Nord du continent, d'une plate-forme primaire ou pénéplaine, érodée et creusée par les *glaciers*, occupée par un grand nombre de *lacs* ; 4° l'existence, en bordure, de plissements montagneux orientés Nord-Sud, *parallèles aux côtes* (qui, de ce fait, sont beaucoup moins découpées que les côtes européennes) et formant *barrière* entre l'intérieur, au climat excessif, et la mer, au climat tempéré.

27. Le Canada a un relief peu varié et un climat très uniforme. — Le Canada a une superficie de 8 800 000 kmq., presque autant que l'Europe, plus que les États-Unis.

Il a une forme très *massive* et comprend trois parties :

1° Au Nord-Ouest, une *pénéplaine* primaire, constituée surtout par des roches cristallines, plane et creusée de nombreux *lacs* (lacs glaciaires), pénétrée au N. par la *baie d'Hudson*, échancrée à l'E. par la baie du Saint-Laurent, unie par la vallée du fleuve du même nom aux Grands-Lacs (lacs *Supérieur, Michigan, Huron, Érié, Ontario*) ;

2° Au Centre, une *plaine*, ancien fond de mer, constituée par des sédiments crétacés, des alluvions lacustres (sur l'emplacement de l'ancien *lac Agassiz*) et des alluvions glaciaires ;

3° A l'Ouest, les *Montagnes Rocheuses*, série de plissements secondaires (*Coast Ranges*) ou tertiaires (*Montagnes Rocheuses* proprement dites), orientées N.-S., enserrant les hauts plateaux de la Colombie Britannique et aboutissant à une côte très découpée : *fjords* et *îles*, résultant de l'affaissement et de l'immersion d'anciennes chaînes et vallées.

TOUNDRAS
D.
KLONDYKE
Coast Range
Montagnes
Désert
Rocheuses
Côte Pacifique
COLOMBIE BRITANNIQUE
Columbia
PLATEAU LACUSTRE
BAIE DE HUDSON
FORÊTS
MANITOBA
CANADA
GRANDS LACS
S.-Laurent
TERRE-NEUVE
Terres à cultures
Climat maritime
Ch.B.

TEMPÉRATURE COMPARÉE
Montréal
Canada intérieur
45°30' Lat.N.
Paris
France intérieure
48°50' Lat.N.
Halifax
Côte atlantique canadienne
44°3' Lat.N.
Brest
Côte atlantique française
48°23' Lat.N.
JANV. FÉVR. MARS AVRIL MAI JUIN JUILL. AOÛT SEPT. OCT. NOV. DÉC.
ÉTENDUE DU CANADA DANS L'EMPIRE ANGLAIS
Canada 30%
POPULATION DU CANADA DANS L'EMPIRE ANGLAIS
Canada 1½ %
PROPORTION DU COMMERCE
Fait avec les Etats-Unis et l'Angleterre dans le total
Etats-Unis 49%
Angleterre 38%
Reste du monde 13%

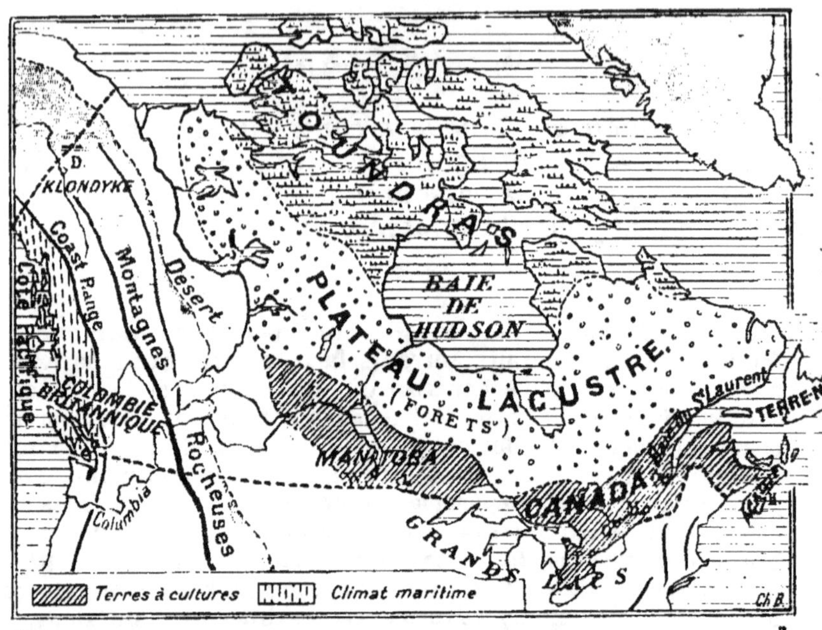

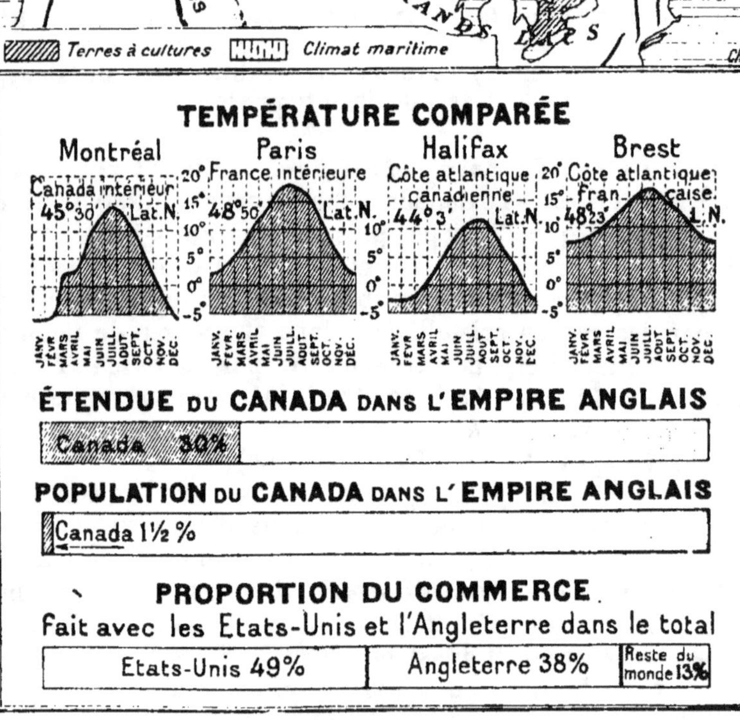

Fig. 4. — Canada.

Le *climat*, sauf sur la côte du Pacifique, où les vents marins déterminent un *climat maritime* humide et relativement tempéré, est partout ailleurs **continental**, très froid en hiver (vents continentaux), assez frais en été (vents marins), subissant en toute saison l'influence du *courant côtier froid du Labrador*. — Les pluies, amenées en été par les vents marins, se raréfient de plus en plus vers l'intérieur, jusqu'à manquer complètement au pied du versant oriental des Rocheuses et dans le plateau intérieur de Colombie.

Parmi les *cours d'eau* (torrents des Rocheuses : *Fraser, Columbia*; rivières de la pénéplaine unissant les lacs : *Churchill, Nelson*), le plus important est, de beaucoup, le **Saint-Laurent**, unissant les Grands Lacs à la mer, large, profond, abondant et régulier, malheureusement gelé durant la moitié de l'année.

La *végétation* comprend quatre formations différentes :
1° au N., la **toundra**, marécageuse et glacée;
2° la **forêt**, d'*arbres résineux* au N., d'*arbres à feuilles caduques* au S.; très étendue; une des grandes ressources du Canada;
3° les **prairies**, terres à blé ou à élevage, s'étendant du Saint-Laurent au Manitoba (sols d'alluvions suffisamment arrosés);
4° les **steppes**, plus ou moins désertiques, vers l'Ouest.

La *faune*, riche en *poissons* et en *animaux à fourrures*, ne comprenait, à l'état indigène, *aucun animal utile* (porteur, lainier ou laitier).

Les *ressources minérales* sont très localisées : houille de l'*Acadie* (Est) et de la *Colombie* (Ouest); métaux précieux des *Montagnes Rocheuses* (mines d'or du Klondyke).

28. Le Canada s'est peuplé lentement et difficilement. — De climat rude, surtout couvert de forêts et de steppes, le Canada fut jusqu'au xvii° siècle peuplé de rares **indigènes** : *Esquimaux*, pêcheurs, au Nord; *Algonquins*, chasseurs de fourrures et nomades, au Centre; *Hurons* et *Iroquois*, agriculteurs et pasteurs sédentaires, au Sud. L'ensemble représente à peine 100 000 hab.

Des *Français* occupèrent la région du Saint-Laurent au xvii° siècle. Ils sont aujourd'hui 1 650 000.

Des *Anglais* y émigrèrent après l'annexion à l'Angleterre

(1763) et occupèrent successivement la région du Saint-Laurent et les prairies du Centre.

Au XIXe siècle, de nombreux *émigrants* ont été attirés au Canada par l'attrait des terres neuves à cultiver ou des mines d'or de l'Ouest. D'abord ralentie par la concurrence des États-Unis, qui étaient plus favorisés par la nature, cette émigration augmente, depuis que toutes les bonnes terres des États-Unis sont occupées. Les émigrants viennent surtout des **pays de langue anglaise** (*Iles Britanniques, États-Unis*).

Actuellement encore, le Canada est peu peuplé : 6 500 000 h. (moins de 0,8 par kilomètre carré).

29. Le Canada comprend trois régions essentielles. — Les steppes du Centre et le plateau de Colombie sont presque déserts. La forêt septentrionale abrite quelques milliers de chasseurs de fourrures, blancs ou indigènes, presque tous travaillant pour la *Compagnie de la baie d'Hudson*.

La plus grande partie de la population est groupée dans trois régions.

1° Le *Canada proprement dit*, constitué par les plaines de la région du Saint-Laurent : *plaines de Québec, de l'Ontario, de l'Érié*, couvertes d'alluvions fertiles, **terres à cultures** : céréales, fruits et cultures maraîchères, élevage de bêtes à cornes et industries succédanées (fromages, laits condensés, viandes conservees et congelées, etc.). — D'autre part, la *houille* de l'Acadie et les *chutes d'eau* y ont déterminé des **industries**, dont les principales sont les *industries du bois* et du *papier*, alimentées par la forêt voisine. — Artère commerciale du Canada, le **Saint-Laurent** unit cette région aux Grands-Lacs et à la mer.

Cette région possède à elle seule les deux tiers de la population du Canada, et les seules grandes villes qu'on y trouve : *Québec*, **Montréal** (268 000 h.), **Toronto** (208 000 h.), *Ottawa*.

L'**Acadie**, houillère, industrielle, ouverte sur la mer, est économiquement unie à cette région. V. p. : *Halifax*.

2° Le *Manitoba*, à l'Ouest des Grands-Lacs, de climat plus continental, mais suffisamment arrosé, est couvert par la prairie à **cultures** (blé) ou à **élevage** (industries dérivées). — Récemment colonisé grâce au *chemin de fer transcanadien* et à des *Compagnies fermières*, qui ont acheté des terrains et bâti des villages le long de la voie, le Manitoba se peuple lentement. La population est groupée en villages. Une seule ville : *Winnipeg.*

3° Les *régions minières de la Colombie* comprennent surtout la région industrielle de Vancouver, née des mines de houille, vivifiée par le terminus du *transcanadien*; v. p. : *Victoria, Vancouver;* — et la région aurifère du Klondike, de climat rude, peu accessible; v. p. : *Dawson-City.*

30. Pays surtout agricole, le Canada voit son essor économique ralenti, sinon empêché, par le climat. — Malgré la vie industrielle de l'Ouest et de l'Est, le Canada est avant tout un pays de cultures, d'élevage, d'industries agricoles (beurres, viandes conservées) et forestières (bois, papier). Or le climat limite à l'excès l'étendue des terres cultivables et, dans celles-ci même, compromet souvent les récoltes (gelées hâtives du Manitoba).

Ainsi spécialisé, le Canada, ne pouvant se suffire à lui-même, est un pays de grand commerce. Il possède un grand **chemin de fer transcanadien** (Halifax–Vancouver). Malheureusement, l'embâcle annuelle du Saint-Laurent détourne, au profit des États-Unis, une notable portion de l'exportation des Grands Lacs.

Il **exporte** surtout les produits de ses cultures (fruits, légumes, beurres et viandes) et de sa pêche. Il **importe** des produits industriels. Son commerce est surtout intense avec les *Iles Britanniques,* et plus encore avec les *États-Unis.*

31. Le Dominion du Canada n'est pour l'Angleterre qu'un marché et un poste stratégique. — Le *Dominion du Canada* est une Confédération de 7 États, où le pouvoir théorique appartient à un *Gouverneur* (droit de *veto*), et le pouvoir réel à un *Sénat* nommé par le gouvernement, à une *Chambre des Communes* élue et à un *Ministère* pris dans la majorité. Le Canada est donc **politiquement autonome.**

Il est aussi économiquement **autonome**, frappant, pour protéger son industrie naissante, de *droits prohibitifs* tous les produits, même anglais.

Malgré cela, il est un bon **marché d'importation** pour l'industrie anglaise. Mais surtout il est pour l'impérialisme britannique une **station stratégique** entre l'Atlantique et le Pacifique. Le chemin de fer transcanadien unit aujourd'hui deux grands ports de guerre: *Halifax* (Atlantique) et *Eskimalt* (Pacifique).

VIII. — L'AUSTRALIE.

L'Australie, desservie par son isolement et par son climat, est encore peu peuplée. Ses deux grandes ressources sont l'élevage et les mines d'or. L'Angleterre y exerce une domination financière, non politique.

La **constitution géologique** de l'Australie est simple. Elle comprend une **plate-forme**, très anciennement émergée, de *roches cristallines* et de roches sédimentaires primaires, où dominent les *grès*. Cette plate-forme a été submergée par les mers secondaires et tertiaires, mais partiellement et peu profondément : de là les minces sédiments crétacés et tertiaires qui couvrent une partie du centre. — De cette constitution géologique résultent deux traits physiques qui s'ajoutent au climat pour désavantager l'Australie : 1° la prédominance des **terrains siliceux** (*granits*, *quartz*, *grès*, *sables*), peu favorables à la culture ; 2° l'œuvre avancée de l'érosion, qui a presque partout usé les montagnes primitives, condensateurs naturels des pluies.

32. L'Australie est desservie par certains traits de sa géographie physique. — L'Australie a une superficie de 7 600 000 kmq., les trois quarts de l'Europe. Elle est isolée dans l'*hémisphère austral*, le moins riche en terres, séparée de l'Amérique par l'immense *Océan Pacifique*, aux antipodes de l'Europe occidentale.

Sa *forme* est *massive*, et ses côtes peu développées. Son *relief*, très uniforme, comprend :

1° à l'O., un **plateau**, presque horizontal, tombant en abrupt sur la mer ;

2° au Centre, une **double dépression**, descendant parfois au-dessous du niveau de la mer (*Lac Eyré*, — 12 m.), unissan les deux principaux enfoncements des côtes Nord et Sud : *golfe de Carpentarie* et *Grande Baie australienne* ;

3° à l'E., un nouveau plateau, bordé par la Cordillère australienne (point culminant : *Mont Townsend*, 2241 m.).

Son *climat* lui vient de sa situation en latitude et de sa forme.

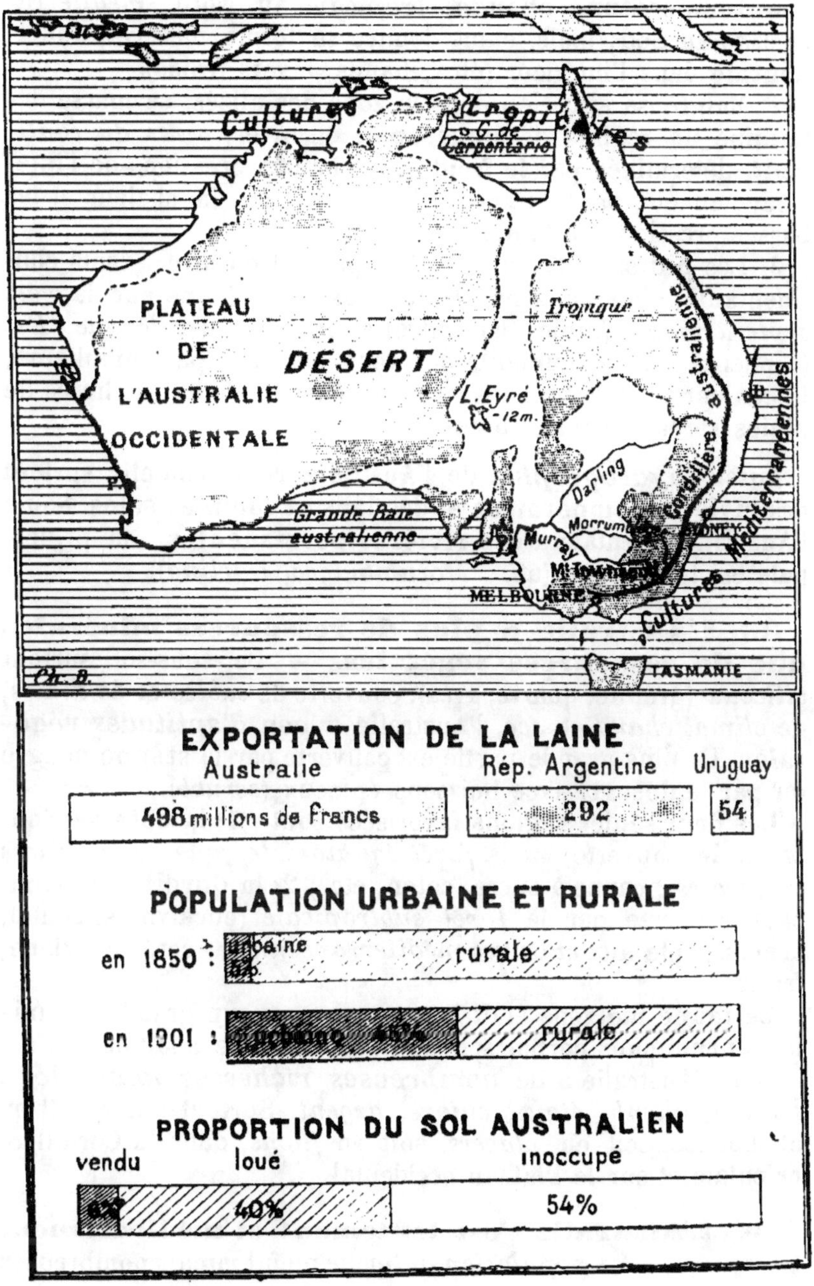

EXPORTATION DE LA LAINE

Australie	Rép. Argentine	Uruguay
498 millions de francs	292	54

POPULATION URBAINE ET RURALE

en 1850 : urbaine / rurale

en 1901 : urbaine 40% / rurale

PROPORTION DU SOL AUSTRALIEN

vendu	loué	inoccupé
6%	40%	54%

Fig. 5. — Australie.

1° Située de part et d'autre du *Tropique*, elle a sur les bords une **température chaude**, *tropicale* au Nord, *méditerranéenne* au Sud; mais, étant donnée sa forme massive, **continentale** dans l'intérieur (étés chauds, hivers froids).

2° Malgré sa situation dans la zone des alizés, sa masse détermine un régime de **moussons** : en hiver, *vents du continent*, déterminés par le froid et les hautes pressions de l'intérieur; en été, *vents marins*, déterminés par la chaleur et les basses pressions de l'intérieur.

3° Les pluies sont *rares*. Nulles partout en hiver (vents continentaux), elles ne sont *abondantes en été* que sur la *côte septentrionale* (pluies tropicales) et dans la *Cordillère de l'Est* (condensation de l'humidité des vents marins); partout ailleurs, la chaleur intense et l'absence de relief rendent les chutes de pluies rares et capricieuses.

Aussi l'*hydrographie* de l'Australie comprend-elle surtout des **rivières temporaires et des lacs et lagunes salés**. Seule l'Australie orientale a des **rivières permanentes** : la principale est le *Murray* (aff. : *Morumbidgee, Darling*).

33. L'Australie a plus de ressources minérales que de ressources végétales. — De sous-sol surtout *siliceux* (granite, quartz, grès), couverte de *sables* et de *dunes*, de *climat chaud* et *sec*, l'Australie a *peu d'aptitudes végétales*. La plus grande partie est couverte par la **steppe maigre** ou par le **désert**, avec buissons épineux (*scrubb*).

Les deux seules régions favorisées sont : 1° la **côte septentrionale**, couverte par la *forêt équatoriale*, apte aux *cultures tropicales* : canne à sucre, coton, etc.; 2° la **Cordillère orientale**, couverte par la *forêt subtropicale* (eucalyptus, santal, acajou), apte aux *cultures méditerranéennes* · céréales, vigne, fruits.

La faune indigène était très pauvre : aucun grand mammifère; ni animaux porteurs, ni animaux à viande, à lait ou à laine.

Mais l'Australie a de *nombreuses richesses minérales* : *houille, plomb, étain, cuivre, argent*. Surtout l'**or** y gît en abondance, soit en *placers*, soit en *filons*, dans la Cordillère orientale et sur le Plateau occidental.

34. L'Australie s'est lentement et médiocrement peuplée. — La *population indigène* ne fut jamais nombreuse;

elle diminue continûment (148 000 h.); elle se compose de nègres arriérés.

La population australienne est presque uniquement *anglo-saxonne*. Depuis la découverte du continent par *Cook* (fin du xviii° siècle), elle s'est formée lentement, par trois apports successifs d'émigrants :

1° Des **déportés**, jusqu'en 1852; ils ne forment que le quart de la population actuelle;

2° Des **colons libres**, soit *fermiers*, agriculteurs, établis sur les terres fertiles de l'Est, que leur vendit le gouvernement; soit *squatters*, éleveurs de moutons, établis sur les terres sèches de l'intérieur, hors de l'action du gouvernement.

3° Des **chercheurs d'or**, à partir de 1851 (date des premières découvertes de mines d'or), établis dans les régions aurifères de l'Est et de l'Ouest.

La population est de 4 450 000 hab., soit 0,6 au kilomètre carré. Elle augmente lentement. L'émigration, assez médiocre, ne comprend que des *Anglais* et surtout des *Écossais* et des *Irlandais*.

35. La population australienne vit surtout des mines et de l'élevage; elle est plus urbaine que rurale. — L'Australie a 3 ressources, de valeur inégale :

1° L'agriculture est assez prospère, mais *très localisée* : canne à sucre, coton, au Nord; blé, vignes, fruits, à l'Est. Elle ne pourrait se développer ailleurs sans irrigation.

2° L'élevage est prospère : *bœufs, moutons*. Le troupeau de moutons, riche de 100 millions de têtes il y a 10 ans, fut ramené à *74 millions* par une série de sécheresses mortelles.

3° Les **mines d'or** mettent l'Australie au troisième rang pour la production de l'or : *430 millions de francs* en 1906.

L'industrie est à peine naissante.

L'agriculture étant surtout limitée à la banlieue des villes (irrigation) et l'élevage nécessitant une main-d'œuvre peu nombreuse (tondeurs nomades), la population est surtout groupée dans les **villes**, soit villes minières, soit grands marchés maritimes. Les principales sont : **Melbourne** (501 000 h.), **Sydney** (511 000 h.), *Adélaïde, Brisbane*, à l'Est; *Perth*, à l'Ouest. Les deux groupes sont sillonnés par deux *réseaux ferrés*, que doit unir une ligne par la côte méridionale.

36. L'Australie fait un commerce actif surtout avec sa métropole. — Pays neuf, d'élevage extensif, de mines précieuses, d'industrie nulle, de population faible, l'Australie a un *surplus de matières premières* et une *disette de produits fabriqués.*

Elle exporte : sa laine, ses viandes (conservées ou congelées), ses produits laitiers et maraîchers (fruits, légumes), en *Angleterre*; sa houille, dans l'*Amérique du Sud.*

Elle importe : des produits alimentaires (spiritueux, thé, bière) et des produits manufacturés, presque exclusivement d'*Angleterre.*

Le monde britannique entre pour les sept dixièmes dans le commerce australien.

37. A l'égard du Royaume-Uni, l'Australie est politiquement indépendante, économiquement dépendante. — Les six États-Unis d'Australie (Nouvelle-Galles du Sud, Victoria, Australie méridionale, Queensland, Australie occidentale, Tasmanie) forment une fédération gouvernée par deux *Chambres* élues et par un *Ministère,* sous le contrôle et l'arbitrage d'un *Gouverneur.*

Politiquement autonomes, ils sont liés au Royaume-Uni :

1° par les **nécessités de la défense,** qui les rendent *loyalistes, impérialistes*;

2° par des **nécessités économiques** : l'Angleterre est leur meilleur *client*; surtout elle est leur *banquier* : toutes les entreprises de ce pays neuf ont été alimentées par des capitaux anglais.

38. La Nouvelle-Zélande est relativement plus peuplée et plus riche que l'Australie. — La Nouvelle-Zélande est un archipel de l'étendue des Iles-Britanniques, composé surtout de deux grandes îles, l'*Ile du Nord* et l'*Ile du Sud.* Son relief est montagneux (*Mont Cook,* 3765 m.) et son sol volcanique. Son climat est tempéré et humide.

Sa population, de 948 000 h., se compose d'indigènes (un vingtième) et surtout d'*Anglais.* Ses deux ressources sont *l'élevage* (moutons, bœufs) et les *mines,* or, argent, houille. Son industrie se développe rapidement; les trois quarts de son commerce se font avec l'Angleterre. V. p. : *Auckland* et *Christchurch.*

Cette colonie anglaise est un des pays du monde les plus avancés politiquement.

IX. — L'AFRIQUE AUSTRALE.

L'Afrique australe est, comme l'Australie, un pays de mines et d'élevage. Malgré une autonomie politique assez grande, elle est dans la dépendance économique de la métropole.

La **constitution géologique** de l'Afrique australe comprend essentiellement un **plateau cristallin** d'émersion très ancienne. Mais : 1° des *dépôts gréseux* le recouvrent ; l'érosion les a découpés au Sud en **chaînes** parallèles à la mer, analogues à l'Atlas Tellien, isolant de l'intérieur une *région côtière* plus humide et plus riche ; 2° le plateau fut jadis *plissé* ; dans les synclinaux se sont formés des dépôts de **houille** ; l'or, qui existait en filons dans les roches, a été isolé par l'érosion, puis mêlé intimement à des **conglomérats aurifères**, dont l'extraction est facile, mais le traitement chimique coûteux ; de là des conditions spéciales pour l'industrie aurifère dans ce pays.

39. L'Afrique australe comprend quatre régions naturelles. — L'Afrique australe est constituée par une **plate-forme** de *roches cristallines*, de *grès* et d'*argiles*, déprimée au centre, se relevant sur les bords. Elle se termine à l'Ouest en *falaises*, surplombant une mince bande de rivages plats ; elle est limitée au Sud et à l'Est par les **chaînes du Cap** et le **Massif du Natal**, dont les côtes sont découpées.

Le **climat** de l'Afrique australe est déterminé par sa situation au sud du Tropique.

La **température**, partout chaude, est tempérée par l'*altitude* et par la mer à l'Est et au Sud ; à l'intérieur, elle est *continentale* (étés chauds, hivers froids).

Le **vent**, pendant l'été austral (notre hiver), souffle de l'Est et de l'Océan Indien ; il est chaud : c'est l'*alizé*. Pendant l'hiver (notre été), l'alizé étant remonté vers le Nord, le vent souffle du Sud-Ouest et de l'Océan Antarctique ; il est froid.

Les **pluies** à l'Ouest sont causées par ce dernier : elles tombent en hiver et sont très peu abondantes. Dans le reste du pays, elles sont causées par l'alizé : elles tombent en été, sont assez abondantes sur les côtes et les massifs, très rares dans l'intérieur.

Les *cours d'eau* ont un débit peu abondant et un régime irrégulier ; ils sont coupés de rapides. Les principaux sont l'*Orange* (affl. : le *Vaal*) et le *Limpopo*.

L'Afrique australe comprend *quatre régions naturelles* :

1° La **région du Cap** (chaînes côtières du Sud), analogue par son relief, son climat et sa végétation à l'Algérie, a comme elle, sur la côte la *végétation* et les *cultures méditerranéennes* (céréales, vignes, fruits) développées par l'irrigation, et, sur les plateaux (ou *Karroos*) situés entre les chaînes, des *pâturages maigres* (moutons);

2° La **région du Natal** (massif côtier de l'Est), plus haute en latitude, plus chaude et plus arrosée, a la *végétation* et les *cultures tropicales* : café, thé, surtout canne à sucre;

3° Les **plateaux de l'Orange et du Transvaal**, de climat excessif, aux saisons sèche et humide nettement séparées, sont couverts d'une *steppe* plus ou moins sèche et buissonneuse · le *Veld;*

4° Le **désert de Kalahari** (dépression centrale), absolument sec et aride, dont la pauvreté s'étend jusqu'à la côte occidentale.

40. Les deux principales ressources de l'Afrique australe sont l'élevage et les mines d'or et de diamants. — Sauf dans les régions du Cap et du Natal (les moins étendues), l'Afrique australe n'admet de *cultures* qu'aux environs immédiats des points d'eau. Elle est, au contraire, très favorable à l'*élevage* : *chevaux, bêtes à cornes* et surtout **moutons.**

Elle est pourvue d'abondantes *ressources minérales* : *houille, cuivre, fer, plomb*, surtout **diamants** et **or**. Elle est de beaucoup le premier producteur d'or du monde. Le Transvaal a produit 615 millions de francs d'or en 1906. La région la plus productive est la région des *conglomérats aurifères* du *Witwatersrand.*

41. Tant que l'élevage fut sa grande ressource. l'Afrique australe fut peu peuplée et partagée entre Anglais et Boers. — L'Afrique australe comprenait originellement deux *populations indigènes* :

1° **Les Bushmen** ou **Hottentots**, petits, aux cheveux crépus, bruns, mêlés de nègres, nomades chasseurs ou pasteurs ;

2° **Les Bantous**, nègres purs, *Cafres*, *Zoulous*, *Barotsé* et *Betchouana*, sédentaires, agriculteurs ou éleveurs. Ils étaient

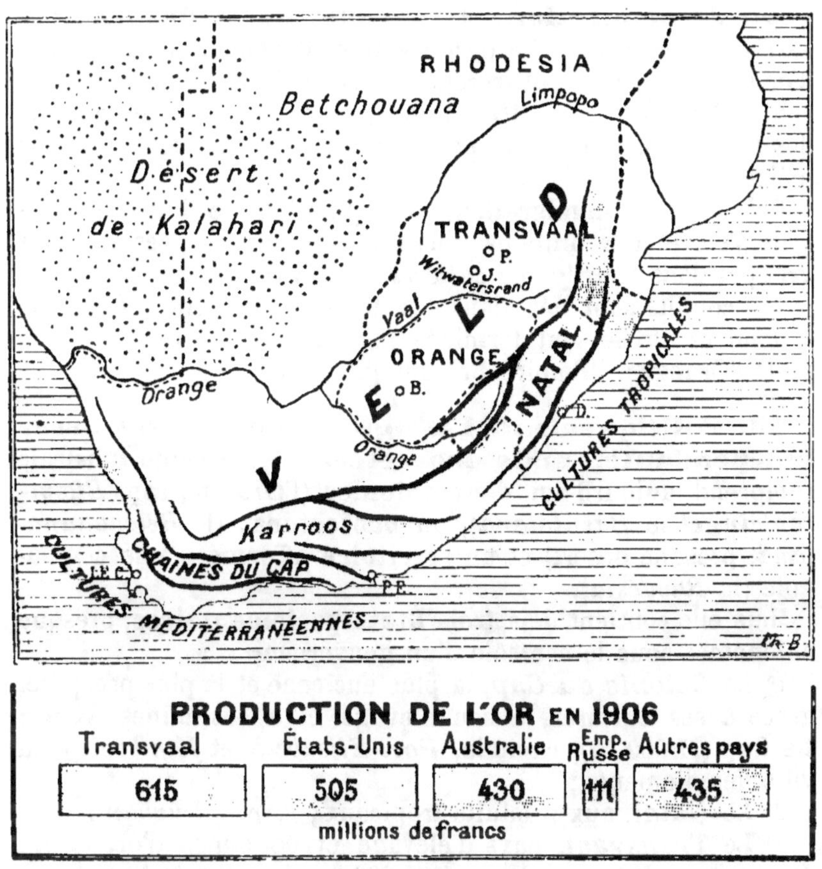

Fig. 6. — Afrique australe.

organisés en *États militaires*, qui résistèrent longtemps aux Boers, puis aux Anglais.

L'*élément européen* fut d'abord uniquement représenté par les **Boers**, descendant de Hollandais immigrés au xvii° siècle, qui colonisèrent le *Cap* et le *Natal*. En 1815, la colonie devint anglaise, et les **Anglo-Saxons** occupèrent le Cap, puis le Natal, tandis que les Boers émigraient vers l'intérieur et fondaient les *Républiques pastorales de l'Orange* et du *Transvaal*.

42. L'exploitation minière attira un afflux nouveau de population et la suprématie des Anglais sur les Boers. — La découverte et l'exploitation des mines d'or et de diamants attirèrent, après 1880, un afflux considérable d'étrangers, ou Uitlanders, vers les terrains miniers des Républiques, dont la population devint très dense et très mêlée.

Grâce à cette immigration, la population de l'Afrique australe s'élève à 8 millions d'habitants environ, presque tous groupés dans les *régions côtières* ou *minières*.

Des conflits sont nés dans les Républiques entre Boers et Uitlanders. Ils se sont terminés par l'annexion du Transvaal et de l'Orange à l'Empire Britannique (1902).

43. Politiquement, l'Afrique australe est assez indépendante, mais morcelée. — L'Afrique australe comprend aujourd'hui deux **colonies** (l'*Orange*, cap. *Blœmfontein*, et le *Basutoland*), un **protectorat** (le *Betchouanaland*, presque désert) et un **territoire affermé** à une compagnie (la *Rhodésia*).

Mais elle contient déjà trois **États parlementaires**, presque autonomes sous le contrôle d'un gouverneur :

1° La **Colonie du Cap,** la plus ancienne et la plus prospère, grâce à ses cultures, à son élevage et à ses mines. V. p. : **Le Cap** (77 000 h.), capitale, *Port-Élisabeth* et *Kimberley*, la ville des diamants ;

2° Le **Natal**, aux produits tropicaux ; v. p. : *Durban* ;

3° Le **Transvaal**, pays d'élevage et de mines d'or. V. p. : *Pretoria* et **Johannesburg** (185 000 h.), la ville de l'or.

Arrivés à des étapes différentes de leur émancipation, ces divers États ne sont pas près de s'unir comme les États australiens.

44. L'Afrique australe, malgré de grands progrès, est sous la dépendance économique de l'Angleterre. — Depuis l'exploitation minière, les voies de communication ont été assurées par une série de *chemins de fer* partant de différents points de la côte et aboutissant à deux lignes de pénétration vers l'intérieur. Elles s'avancent jusqu'à *Fort-Salisbury*, avec embranchements sur *Port-Elisabeth*, *Durban*, *Lourenço-Marquès* et *Béira* (Projet du Cap au Caire, V. 194).

Mais l'agriculture est médiocre et localisée; l'industrie, presque nulle. L'Afrique du Sud vit de l'**exportation** de ses *matières premières* (laines, cuirs) et de ses *produits miniers*. Les **importations** portent sur des *produits alimentaires* et des *produits manufacturés*.

Grâce à des tarifs douaniers avantageux, la plupart de ces importations sont faites par l'Angleterre.

L'Angleterre ne tire pas seulement de sa colonie de grands avantages économiques, mais une grande **puissance politique**. Grâce aux conquêtes récentes et aux conventions avec le Portugal, l'empire anglais de l'Afrique du Sud sépare désormais les *colonies portugaises* de l'Est (*Mozambique*) et de l'Ouest (*Angola*). Les ports de celles-ci sont des débouchés pour les produits anglais; les chemins de fer anglais y aboutissent.

Grâce à cette extension de l'Afrique australe anglaise vers le Nord, le Royaume-Uni tend de plus en plus à unir, sinon politiquement, du moins *économiquement* (chemin de fer du Cap au Caire) ses possessions du Cap à ses possessions méditerranéennes.

LES PUISSANCES SECONDAIRES DE L'EUROPE CENTRALE

I. — LA BELGIQUE.

La Belgique, malgré sa faible étendue, tient un rang honorable dans le monde, grâce à la densité de sa population et à l'activité de son industrie. Elle peut être comptée parmi les grands Etats commerçants et coloniaux.

La Belgique est trop peu étendue pour comprendre des régions naturelles entières, indépendantes des États voisins. Elle comprend une faible portion de ces deux grandes régions physiques qui constituent toute l'Europe du Nord : 1° les vieux massifs hercyniens, qui lui donnent l'*Ardenne*; 2° l'extrémité de la grande plaine du Nord, qui s'étend de la Mer du Nord à la Russie.

45. La Belgique comprend trois régions naturelles, qui n'ont qu'un caractère commun : l'humidité du climat. — La superficie de la Belgique n'atteint pas 30 000 kmq. Elle subit tout entière l'influence de la *Mer du Nord* et a un *climat maritime*, très humide.

Mais l'altitude et la nature du sol permettent d'y distinguer, du Sud-Est au Nord-Ouest, trois régions.

1° La *Haute Belgique* (Ardenne, *Condroz*, *Herve*), reste des *plissements hercyniens* réduits par l'érosion à l'état de *pénéplaine*, s'abaisse de l'Est (675 m.) à l'Ouest (400 m.). Son sol, constitué par des *schistes*, des *quartz* et des *grès*, est pauvre; son **climat**, froid et humide. La végétation se compose de *forêts* et de maigres *pâturages* coupés d'*étangs* (*fagnes*).

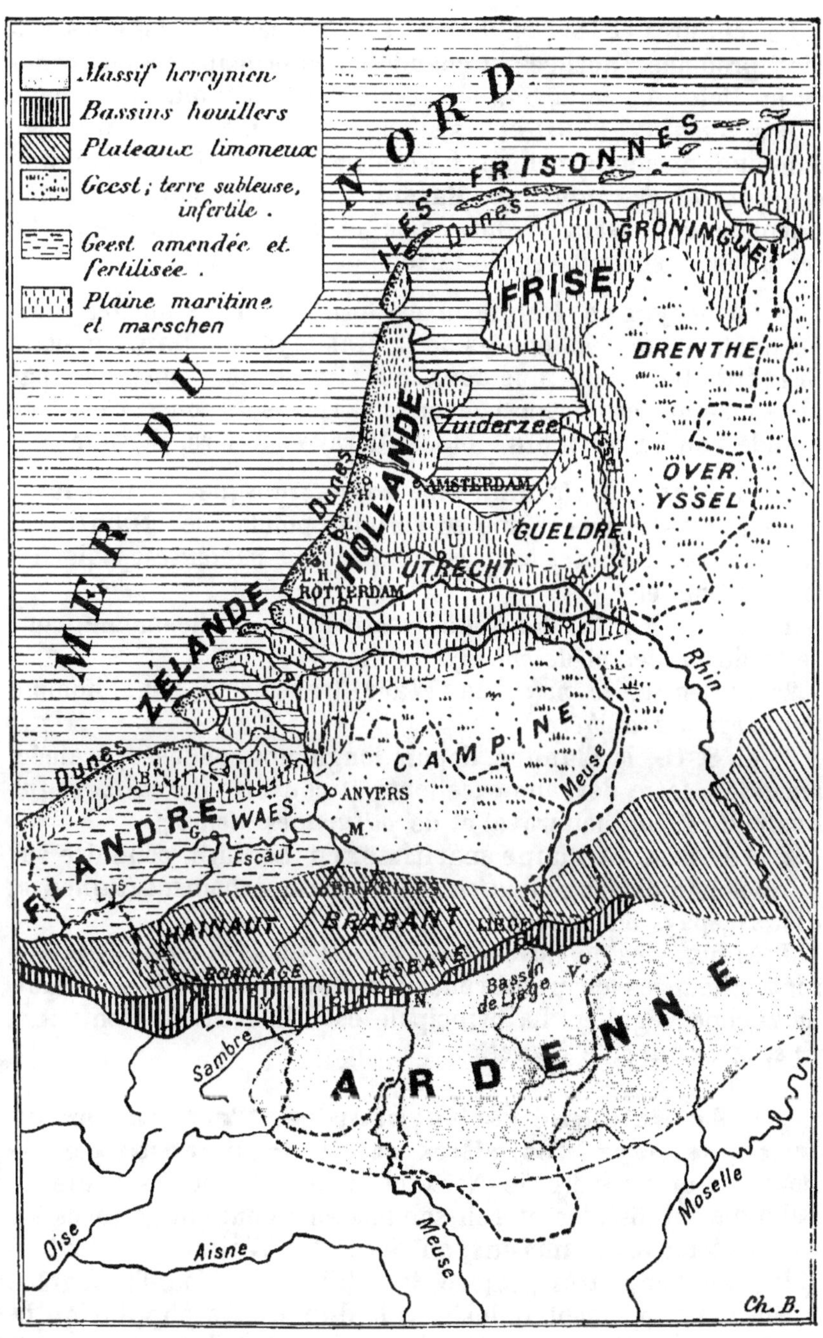

Fig. 7. — Belgique et Pays-Bas.

Les cultures et les populations sont concentrées dans les vallées, profondes, abritées et chaudes. Les principales sont celles de la *Meuse* et de la *Sambre*. Cette dernière limite l'Ardenne.

Des **bassins houillers** s'allongent au pied de l'Ardenne, dans un ancien synclinal hercynien : ce sont le Borinage ou *bassin de Mons*, le **Bassin de Charleroi**, extrémité orientale du *bassin franco-belge*, et le **Bassin de Liége**. Le *fer* abonde, surtout vers le Luxembourg.

2° La *Moyenne Belgique* est formée par les *hautes plaines* (150-200 m.) vallonnées de la **Hesbaye**, du **Hainaut** et du **Brabant**. De climat plus doux que l'Ardenne, constituée par un sous-sol tertiaire recouvert de riches *limons*, c'est une grande **région agricole** : blé, betterave sucrière, élevage.

3° La *Basse Belgique*, plus basse, presque au niveau de la mer, au-dessous même en certains points, de *climat très égal et très humide*, à un sol d'*alluvions sableuses*. Mais il y faut distinguer :

1° Au N.-E., la **Campine** encore livrée à elle-même, couverte de *landes* et de *pâturages maigres* ;

2° au Centre, le **pays de Waës**, transformé par l'homme (*cultures maraîchères*).

3° au S.-O., la **Flandre**, depuis longtemps colonisée, drainée, amendée, terre devenue excellente et couverte de *cultures industrielles* (lin, betterave) et de *pâturages riches* ;

4° à l'Ouest, la **Plaine maritime**, en bordure, conquise sur la mer par drainage (*wateringues*) et assèchement (*dunes et digues*), pays d'*élevage*.

Très humides, la Moyenne et, encore plus, la Basse Belgique sont sillonnées de **nombreuses rivières**, au débit abondant, au régime régulier. La principale est l'**Escaut**. Affluents : la *Lys*, la *Dendre*, le *Rupel*.

46. La Belgique est surpeuplée. C'est, par excellence, le pays des villes et de la circulation. — Route naturelle entre le Nord et le Midi, de bonne heure la Belgique fut habitée et son sol mis en valeur. Deux races s'y sont fixées : les Flamands, au Nord ; les Wallons, au Sud.

De tous temps très peuplée, la Belgique a aujourd'hui, grâce à son développement industriel, la **densité de population la plus forte en Europe** : 7 248 000 h., *soit 246 au kilomètre carré*

Cette population, rare dans l'Ardenne, où seules les vallées sont peuplées (*Verviers*, dans la vallée de la Vesdre), se groupe, du bassin houiller jusqu'à la mer, dans de gros villages et surtout dans des **villes** : **Liége** (172 000 h.), *Namur*, *Mons* et *Charleroi*, villes de la houille; **Bruxelles** (199 000 h., 610 000 avec les faubourgs), la capitale, *Tournai*, *Malines*, au milieu des plaines de cultures, *Bruges*, **Gand** (163 000 h.), et **Anvers** (304 000 h.), un des plus grands ports du monde.

Ces villes sont reliées par un niveau serré de **voies navigables**, *rivières* et *canaux*, et de **voies ferrées** : 4600 km., 15 k. pour 100 kmq.

47. L'industrie est beaucoup plus développée que l'agriculture. — Malgré la richesse naturelle de la Moyenne Belgique et l'appropriation de la Basse Belgique, l'*agriculture* proprement dite est en déclin, peu favorisée par le climat humide, par le prix élevé de la terre et par la concurrence des *pays neufs*. Seuls se développent l'**élevage** (bêtes à cornes), avec l'*industrie laitière*, et les **cultures industrielles** : *lin* des vallées humides, *betterave* des plateaux limoneux.

Mais l'*industrie* est une des premières du monde : **industrie métallurgique**, dans la région houillère; **industries textiles**, dans la région basse, alimentées par le *lin* indigène, le *coton* importé, les *laines* indigènes et surtout importées, etc.

48. La Belgique tient une place très honorable sur le marché du monde. — Très actif, favorisé par ses mines et par sa situation au milieu des plus grands États industriels d'Europe, le jeune *royaume constitutionnel* de Belgique (1830) est un **grand État commerçant**. Son commerce annuel (plus de 6 milliards de fr.) dépasse celui de la Russie.

Ses ports et ses voies ferrées servent à un **transit** important entre les Iles Britanniques et le Midi.

Il **importe** : des matières premières (coton, laine, caoutchouc) et des matières alimentaires. Il **exporte** : de la houille et des produits manufacturés. Ses meilleurs clients sont ses grands voisins : *Royaume-Uni*, *Allemagne*, *France*. Le grand port de la Belgique est **Anvers**, le rival de Hambourg, qui, outre le commerce belge, sert à la plupart des *importations anglaises* sur le continent, grâce au réseau de voies ferrées et de voies d'eau (*Escaut*) qui le dessert. L'importance d'Anvers, comme *port européen*, est une des meilleures garanties de l'indépendance de la Belgique, entourée de puissants voisins, qui n'admettront jamais que l'un d'entre eux s'en empare.

La Belgique a des **établissements industriels** et des **comptoirs commerciaux** dans le monde entier, surtout en Extrême-Orient. Elle a un grand **territoire d'exploitation** : l'*État indépendant du Congo*.

49. La Belgique possède la plus grande partie du Bassin du Congo. — Constituée d'abord en 1885 par la *Conférence internationale de Berlin* comme *État indépendant du Congo* sous la souveraineté du roi des Belges, la **Colonie du Congo** appartient maintenant (1908) à la Belgique.

Il est formé par une vaste **dépression**, située au Centre de l'Afrique, sous l'Équateur, bordée de toutes parts par des *seuils* ou des *massifs* granitiques ou gréseux, constituée par une série de *bassins étagés* qu'occupaient jadis des lacs et que draine aujourd'hui l'énorme fleuve du **Congo** (largeur à l'estuaire : 17 km. ; débit : 48 000 mc.) et ses affluents : *Loukouga, Arouhouimi, Oubangui, Kassaï*. Tous sont navigables partiellement, mais non continûment (*rapides*).

De **climat équatorial**, très humide et très chaud, le Congo est presque tout entier couvert par la **forêt vierge**. Un long séjour y est interdit aux *Européens*, qui sont à peine 2500. Il est habité par 20 millions environ de **Nègres Bantous**, vivant par petits groupes, plutôt de chasse que de culture.

L'administration coloniale fait recueillir dans la forêt, soit par les soins de ses *agents*, soit par des *Compagnies fermières*, l'ivoire, de moins en moins abondant, et le **caoutchouc**, de plus en plus productif. Le Congo exporte ainsi pour plus de 52 millions de francs par an. Il importe des tissus, des produits manufacturés et des produits alimentaires.

Le Congo a déjà un système de voies ferrées qui supplée heureusement aux imperfections de la navigation sur le fleuve (*rapides*). Il n'a pas de villes, mais des *postes* sur le fleuve et sur la mer

II. — LES PAYS-BAS.

Le royaume des Pays-Bas doit à sa situation maritime son climat, ses ressources agricoles, sa prospérité commerciale et son empire colonial.

***

A la différence de la plupart des terres actuellement émergées, les grandes lignes de la constitution géologique des Pays-Bas ne datent pas toutes de la *préhistoire*. Certaines invasions de la mer dans cette région sont très rapprochées de nous. En 1250, une de ces invasions a fait du *lac Flevo* le Zuyderzée.

50. Les Pays-Bas sont le résultat de l'action des eaux et de l'action des habitants. — Les Pays-Bas, Hollande ou Néerlande, ont une superficie de 33 000 kmq. Ils forment une basse plaine, dont certaines parties sont au-dessous du niveau de la *Mer du Nord,* et qui a été constituée par l'*action des eaux* et par l'*action des hommes.*

L'action des eaux a produit :

1° **La plaine de l'Est,** constituée surtout par la *Geest*, ou étendue de graviers et de sables tourbeux et infertiles, apportés jadis par les eaux de fonte des grands *glaciers* du Nord ;

2° **La plaine de l'Ouest,** constituée surtout par les *Marschen,* ou étendues d'alluvions fertiles, apportées par les inondations des fleuves qui s'y terminent et dont elle forme comme le delta : *Escaut, Meuse, Rhin* ;

3° **La côte,** basse, plate, alluviale, où les sables marins se sont amoncelés en *dunes,* dont la mer a souvent rompu le cordon pour former des **archipels** (*archipel zélandais, îles Frisonnes*) ou pour creuser des **golfes** (*Zuyderzée*).

L'action des habitants a produit :

1° **L'arrêt de l'alluvionnement,** que produisaient les inondations fluviales, en construisant des *digues fluviales,* parallèles aux cours d'eau ;

2° **L'arrêt des envahissements marins,** par la construction de *digues maritimes* ;

3° **La conquête du sol sur la mer,** par dessèchement (*digues* d'isolement), drainage (*wateringues*) et amendements des sols ainsi gagnés ou *polders.*

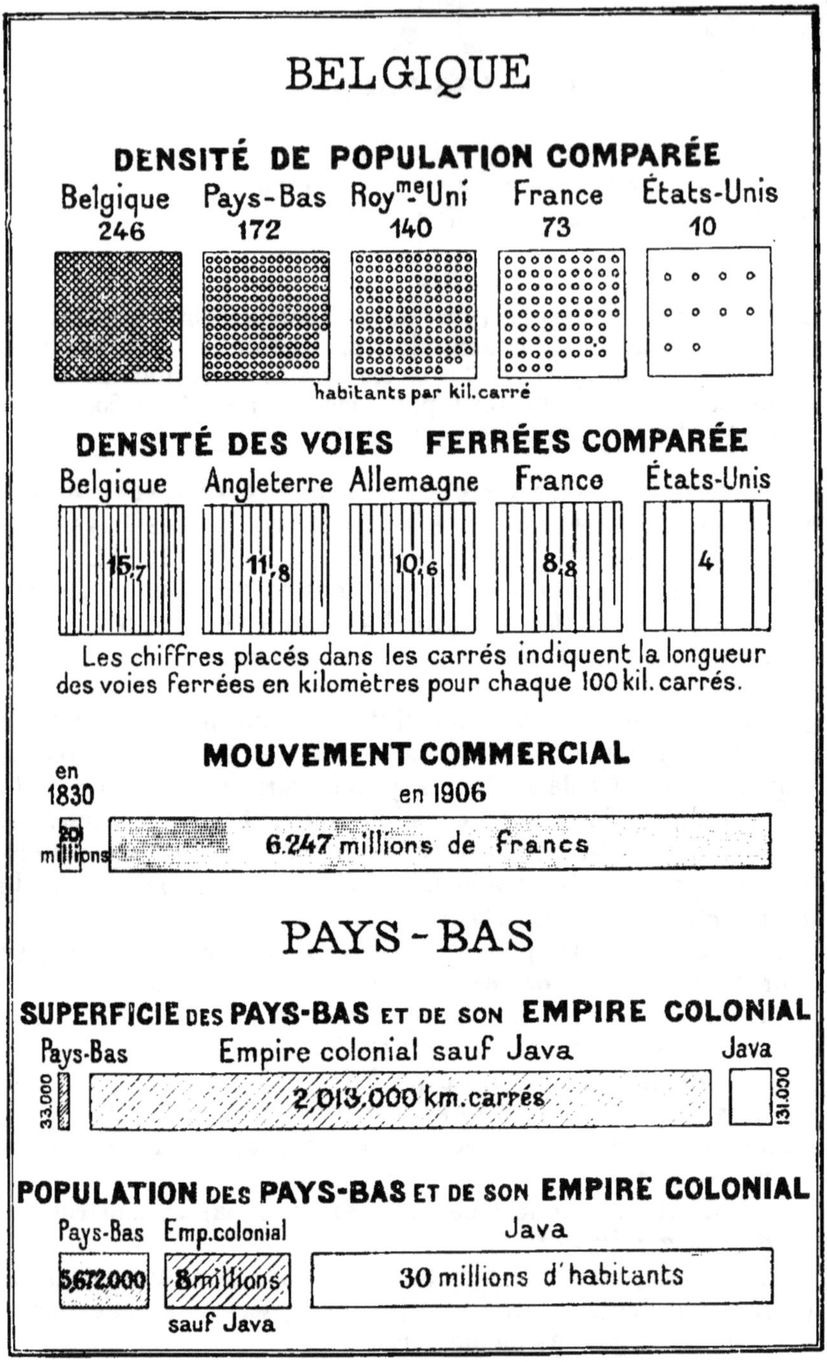
BELGIQUE
DENSITÉ DE POPULATION COMPARÉE
Belgique 246
Pays-Bas 172
Roy^me-Uni 140
France 73
États-Unis 10
habitants par kil. carré
DENSITÉ DES VOIES FERRÉES COMPARÉE
Belgique 15,7
Angleterre 11,8
Allemagne 10,6
France 8,8
États-Unis 4
Les chiffres placés dans les carrés indiquent la longueur des voies ferrées en kilomètres pour chaque 100 kil. carrés.
MOUVEMENT COMMERCIAL
en 1830
201 millions
en 1906
6.247 millions de francs
PAYS-BAS
SUPERFICIE DES PAYS-BAS ET DE SON EMPIRE COLONIAL
Pays-Bas
33.000
Empire colonial sauf Java
2.013.000 km. carrés
Java
131.000
POPULATION DES PAYS-BAS ET DE SON EMPIRE COLONIAL
Pays-Bas
5.672.000
Emp. colonial
8 millions
sauf Java
Java
30 millions d'habitants

Fig. 8. — Belgique et Pays-Bas : population et puissance.

51. Les Pays-Bas n'ont d'autres aptitudes naturelles que la pêche et l'agriculture. — Le sol des Pays-Bas est absolument dénué de ressources minières.

Situé au bord d'une mer très poissonneuse, la *pêche* est une de ses grandes ressources : *harengs, morues, anchois*, etc.

L'*agriculture* est beaucoup moins prospère sur la **Geest** sableuse de l'Est (*Drenthe, Over-Yssel, Gueldre, Campine*), occupée surtout par des *landes* et des pâturages maigres, que sur les **Marschen** de l'Ouest (*Frise, Groningue, Hollande, Zeelande, Utrecht*).

Mais le **climat**, doux et très humide (nébulosité presque permanente), y favorise moins les **cultures** proprement dites (*blé, orge, betterave, tabac, lin*) que l'**élevage** des *bêtes à cornes* (beurres et fromages).

L'*industrie* comprend uniquement des industries agricoles : **industries textiles** (*velours d'Utrecht, toiles de Hollande*), aujourd'hui en recul, concurrencées par les grands pays industriels ; **industries alimentaires**, par importation de denrées coloniales : *liqueurs, chocolat*, etc.

52. Les Pays-Bas sont avant tout une puissance commerçante. — Trop riche en produits de l'élevage et de la pêche, trop pauvre en céréales et en produits manufacturés, ayant la plus florissante de ses industries alimentée par des matières de provenance lointaine, pénétré de toutes parts par la mer, servant enfin, grâce au Rhin, de voie d'écoulement pour une partie des produits de l'Allemagne industrielle, — le *Royaume constitutionnel des Pays-Bas* est devenu nécessairement et facilement un **grand État commerçant**.

Le commerce intérieur se fait surtout par *voies navigables* : les Pays-Bas en ont 5200 km.; les *voies ferrées*, moins abondantes, servent surtout au transit international.

Le commerce extérieur se fait par *Amsterdam*, en déclin, et *Rotterdam*, en grand progrès, port de transit (par la voie du Rhin vers l'Allemagne et la région industrielle rhénane ; v. 91) et port d'escale (vers la Baltique et Hambourg).

53. Les Pays-Bas ont une population dense et surtout urbaine. — Malgré la pauvreté des plaines de l'Est, les Pays-Bas ont la densité de population la plus forte des pays d'Europe, après la Belgique : 5 672 000 h., soit *172 au kilomètre carré*.

Cette population est surtout agglomérée dans des *villes* nombreuses et généralement d'importance moyenne. Les Pays-Bas n'ont que trois très grandes villes dans la région de l'Ouest : **Amsterdam** (564.000 h.), **Rotterdam** (390 000 h.), les deux grands ports, et **La Haye** (248 000 h.), la capitale politique. Autres villes importantes : *Utrecht, Haarlem, Leyde, Nimègue, Arnhem, Groningue.*

54. Le royaume des Pays-Bas est la troisième puissance coloniale du monde. — Le commerce des Pays-Bas a pour base d'alimentation leur empire colonial. Beaucoup moins étendu qu'au xviie siècle, il a encore 2 100 000 kmq. de superficie et 38 millions d'habitants. C'est l'empire colonial le plus important, après ceux du Royaume-Uni et de la France.

Il comprend les *Indes Occidentales* (Guyane hollandaise, Gouvernement de Curaçao), une portion de la *Nouvelle-Guinée*, et surtout les Indes Néerlandaises.

55. Les Indes Néerlandaises, au climat tropical, ont d'abondantes ressources végétales et minérales. — Les Indes Néerlandaises forment dans l'*Océan Indien*, de part et d'autre de l'Équateur, un archipel qui se décompose en trois parties :

1° L'arc malais, ancienne ligne de plissements partiellement noyée, orientée Ouest-Est et prolongeant la *péninsule de Malacca* (dont l'extrémité est hollandaise). Il comprend les îles de **Sumatra, Java,** *Florès, Timor,* etc.;

2° L'arc des Moluques, d'origine identique, orienté Sud-Nord et se prolongeant par une des lignes de relief des Philippines;

3° A l'intérieur de ces deux arcs, entre la *Mer de Chine*, la *Mer de Java* et la *Mer de Célèbes*, deux grandes îles constituées par des fragments de continents effondrés et des éruptions volcaniques : **Bornéo** (734 000 kmq.) et **Célèbes**.

Toutes ces îles, situées dans une zone d'*effondrements* et, par conséquent, d'*éruptions volcaniques*, ont un sol de *roches* surtout *éruptives* et de hauts *massifs montagneux* entourés de *plaines côtières.*

Grâce au **climat équatorial** (chaleurs continues, pluies très abondantes, amenées surtout en été par la *mousson du Sud-Est*), la *végétation* est exubérante : la forêt vierge s'étend presque

partout. Dans les parties défrichées, tous les **produits tropi-**
caux réussissent merveilleusement : *riz, maïs, canne à sucre,*
café, thé, tabac, épices.

D'autre part, les *mines* sont assez abondantes : *houille* de
Sumatra, *étain* de Bangka et Bilitong; surtout **pétrole** de Java.

56. La population indigène, formée de deux élé-
ments, est beaucoup plus nombreuse que la popu-
lation hollandaise. — La *population indigène* comprend
des Indonésiens, noirs, dominant dans les îles de l'Est, et des
Malais, jaunes, dominant dans les îles de l'Ouest. Ils sont
environ 36 millions. A ajouter : 500 000 *Chinois.*

Les *Européens* ne sont que 80 000; les trois quarts sont
hollandais. Ils ont durement exploité les indigènes par le
système des *cultures forcées* (obligation de cultiver certains
produits et d'en fournir chaque année un stock déterminé au
Gouvernement). Ce système a été supprimé et le régime
s'adoucit.

57. Le centre économique des Indes Néerlan-
daises est l'île de Java. — L'immense et massive *Bornéo*
est presque tout entière en friche et déserte (2 hab. au kilomètre carré. Les *îles plus étroites* et plus facilement pénétra-
bles sont mieux exploitées.

La plus florissante est *Java* (30 millions d'habitants, 225 au
kilomètre carré), dont la plus grande partie est mise en cultures; grand centre d'exportation de *denrées coloniales* vers
les Pays-Bas, grand centre d'exploitation du *pétrole.* V. p.:
Batavia (138 000 h.), **Soerabaya** (159 000 h.), *Soerakarta,*
Semarang.

Java est le principal élément de la richesse des Pays-Bas.

III. — LA SUISSE.

La Suisse, petit pays continental et montagneux, doit son importance actuelle à son industrie et au courant économique qui la traverse grâce aux percées alpines. Elle est le « carrefour de l'Europe ».

***

Des trois régions qui la composent, la Suisse ne possède qu'une seule en propre : la *Plaine Suisse*; des deux autres, *Alpes* et *Jura*, elle ne possède qu'une portion. — Les **Alpes** sont le massif le plus haut et le plus étendu de l'Europe; elles sont l'effet de *plissements de l'ère tertiaire*. Les Alpes centrales, dont la Suisse possède une partie, se rattachent aux *Alpes orientales* et se distinguent des *Alpes occidentales* (France) par deux traits de leur structure : 1° les plissements sont orientés *Est-Ouest*; 2° elles sont constituées par une zone de *Hautes Alpes*, flanquées *de part et d'autre* d'une zone de *Pré-Alpes*, plus basses. — Le **Jura** est formé de *chaînons* parallèles, plus serrés et plus hauts à l'Est (partie suisse), plus bas et enserrant des *plateaux* à l'Ouest (partie française). Entre les chaînons, s'allongent des *vals*, communiquant entre eux par des *cluses*. Le *versant abrupt* est tourné vers la Suisse.

58. La Suisse comprend trois régions naturelles : Alpes, Jura, Plaine Suisse. — La Suisse n'a que *41 350 kmq*. Elle n'est point baignée par la mer. Les sept dixièmes de sa superficie sont montagneux. Mais elle est entourée par quatre des plus importants États du monde : *France, Allemagne, Autriche-Hongrie, Italie.*
Elle comprend trois régions naturelles.

1° Les *Alpes* Suisses, portion des Alpes Centrales, sont constituées par une zone de **Hautes Alpes** (3000 à 4000 m. en moy.), généralement cristallines (*Oberland Bernois, Tœdi, Alpes Rhétiques, Alpes Lépontiennes*), flanquées au Nord et au Sud de **Pré-Alpes** plus basses et généralement sédimentaires.
Le **climat** y est rude, les précipitations atmosphériques (pluies et neiges) abondantes; elles alimentent de nombreux *glaciers*.
— Les **cours d'eau** y sont torrentiels : *Rhin, Rhône, Aar, Inn, Tessin.* — La **végétation** comprend plusieurs zones, de bas en haut : *prairies et terres cultivables, forêts à feuilles*

caduques, forêts à conifères, alpages; la zone des *neiges éternelles* commence à 2600 m.

Les Alpes sont sillonnées de **vallées longitudinales et**

Fig. 9. — Suisse.

transversales d'accès facile : *Engadine* (Inn), *Rheintal* (Rhin), *Valais* (Rhône), *Val Leventina* (Tessin). Certaines sont occupées par des **lacs**, résultats de l'ancienne érosion glaciaire : lacs de *Constance*, de *Zurich*, des *Quatre-Cantons*, de *Genève*.

Elles sont franchies par quelques **cols** relativement bas : *Grand-Saint-Bernard, Simplon, Saint-Gothard, Splügen, Maloggia, Aarlberg.*

2° Le *Jura* est, dans la partie suisse, formé de *chaînons* calcaires, parallèles, assez hauts (*Mont Tendre*, 1680 m.), tombant en abrupt sur la plaine.

La montagne a un *climat rude*, des *rivières torrentielles*, des *forêts* et des *pâturages*.

Mais le Jura est coupé de *cols* franchissables et sillonné de vals abrités et propres aux cultures : *Val Travers, Val Saint-Imier, Münster Thal.*

3° La *Plaine Suisse*, allongée entre les deux massifs, est surtout constituée par des *mollasses* tertiaires et par des *alluvions glaciaires*, également fertiles. Plus basse que les massifs (500 m. env.), elle est plus chaude et plus apte aux cultures. Elle possède des lacs (*lac de Neuchâtel*, etc.) et une grande artère fluviale : l'*Aar*.

Elle communique au S. avec la France par la **trouée de Genève** (Rhône), et au N. avec l'Alsace, par la **trouée de Bâle** (Rhin).

59. La population de la Suisse comprend trois principaux éléments. — Barrière entre le Nord et le Sud, mais barrière franchissable grâce à la Plaine Suisse et aux vallées alpines, la Suisse fut de tout temps une *région de passage* (invasions, caravanes commerçantes).

Trois *races* l'occupent : les **Allemands**, au Nord et au Centre, de beaucoup les plus nombreux; les **Français**, au Sud-Ouest; les **Italiens**, au Sud-Est. Une vieille population romanche, les *Grisons*, occupe quelques vallées des Alpes Rhétiques. Ces divisions s'affirment moins aujourd'hui par le type ethnique que par la *langue* et la *religion*.

Cette population forme une *République Fédérale* (25 *cantons*). Elle s'élève à 3 400 000 habitants, soit 82 au kilomètre carré.

60. Elle est surtout groupée dans la Plaine Suisse. — Les vallées des Alpes n'ont que de petites communautés pastorales et des stations fréquentées par les étrangers. Seul, le *Valais* (cultures, vigne) est plus peuplé.

Le Jura l'est encore plus, grâce à ses *pâturages* (beurres et fromages) et surtout à l'industrie de l'*horlogerie*, dont les centres sont *La Chaux-de-Fonds* et *Le Locle*.

La Plaine Suisse est la région vitale du pays, grâce à ses *facultés agricoles* (céréales, vigne au S., élevage et industries laitières : *fromages de la Gruyère*) et à sa *facilité d'accès*, qui a permis l'importation des matières premières (soie, coton, laine, etc.) et la grande industrie (force des torrents).

La vie agricole domine dans le Sud, dont la capitale est **Berne** (73 000 h.); v. p. : *Lausanne, Fribourg, Neuchâtel.*

La vie industrielle domine dans le Nord, dont la capitale est **Zurich** (186 000 h.), et a gagné de là les parties basses des Alpes (v. p. : *Lucerne, Saint-Gall*).

La vie commerciale, partout intense dans la plaine, a créé aux deux extrémités les deux grands marchés de **Bâle** (131 000 h.) et de **Genève** (116 000 h.).

La Plaine Suisse a le tiers de la superficie et les deux tiers de la population du pays.

61. La Suisse est surtout un pays d'élevage et d'industrie. — Peu avantagée par son sol et son climat, la Suisse doit sa prospérité à l'énergie de ses habitants, à sa situation au milieu de l'Europe industrielle et à ses voies de communication : 4300 kilomètres de voies ferrées.

L'*agriculture* comprend surtout l'élevage et les industries laitières : fromages (*Gruyère, Emmenthal*), beurres, chocolats.

L'*industrie*, longtemps limitée à l'industrie montagnarde de l'horlogerie, comprend aujourd'hui d'importantes industries **textiles**, soieries (Zurich est la seconde ville du monde pour les soieries) et cotonnades, l'industrie **métallurgique**, et enfin, dans la montagne, une industrie propre à la Suisse : celle des *hôtels* et des stations estivales et hivernales.

62. La Suisse a un commerce propre intense. — Le commerce extérieur de la Suisse dépasse 2 milliards et demi de fr. Elle importe : des produits alimentaires et des matières premières. Elle exporte : des produits fabriqués.

Elle fait du commerce surtout avec ses quatre grands voisins, *Allemagne, France, Italie, Autriche-Hongrie*, avec le *Royaume-Uni* et les *États-Unis*.

63. Elle est traversée par un grand courant économique grâce aux percées alpines. — Traversée de tous temps par des caravanes commerçantes, la Suisse est le lieu d'un **transit international** intense entre *Europe septentrionale et atlantique et Europe méridionale et méditerranéenne*, depuis la création des grandes **voies ferrées transalpines)** qui presque toutes empruntent son territoire.

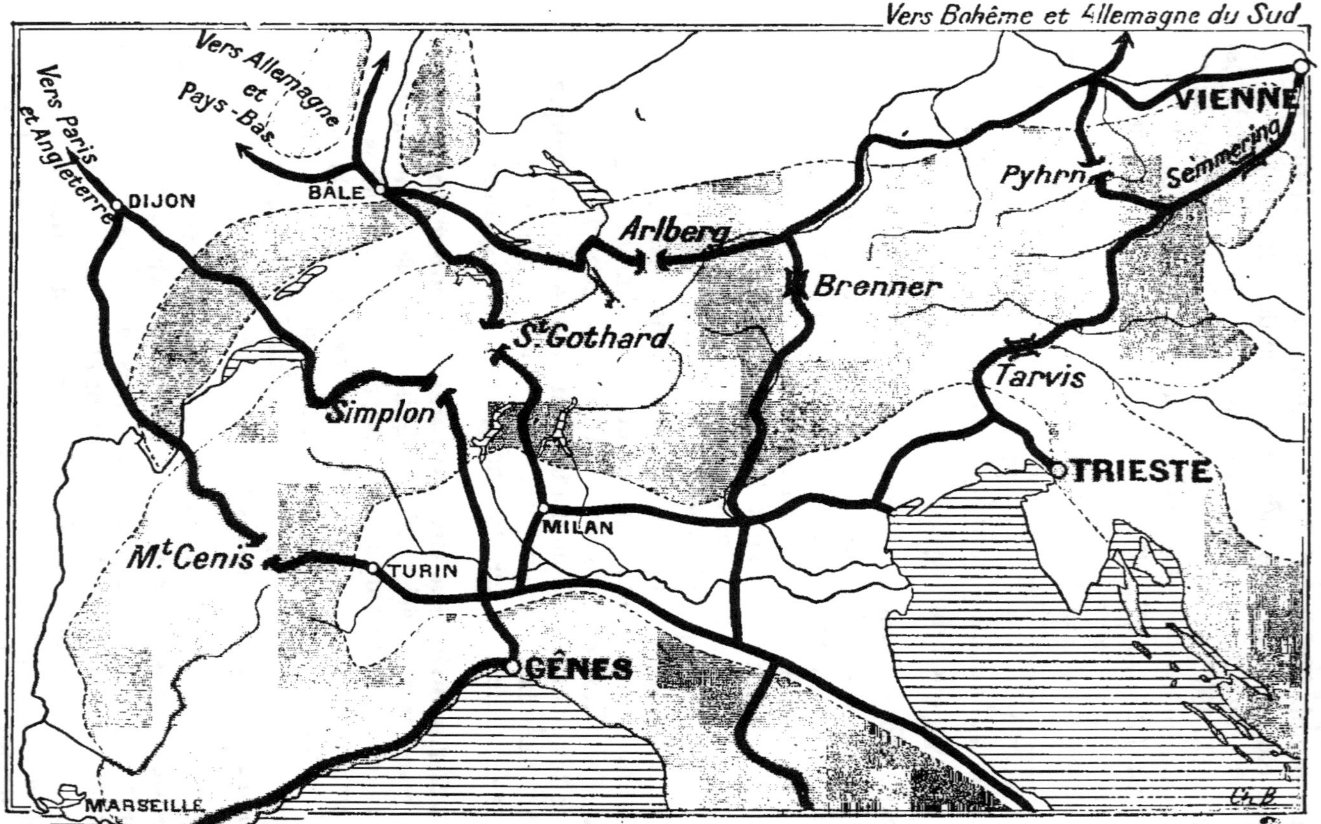

Fig. 16. — Voies transalpines.

Voies ferrées transalpines

	TERMINUS ET RÉGIONS UNIES	PASSAGES NATURELS (COLS) ou ARTIFICIELS (TUNNELS)	ALTITUDE DU PASSAGE	DATE DE MISE EN EXPLOITATION
			mèt.	
Lignes passant à l'Ouest de la Suisse.	**Nice-Gênes.** (Europe occidentale-Italie).	Corniche.		
	Chambéry-Turin. (Europe occidentale-Méditerranée).	Tunnel du Mont-Cenis (13 kil.)	1293	1871
Lignes passant par la Suisse.	**Lausanne-Turin ou Milan.** (Europe nord-occidentale-Méditerranée).	Tunnel du Simplon (20 kil.)	706	1906
	Bâle-Milan. (Europe septentrionale-Méditerranée).	Tunnel du Saint-Gothard (15 kil.)	1155	1882
	Bâle-Vienne. (Europe occidentale. — Europe centrale).	Tunnel de l'Aarlberg (10 kil.)	1310	1884
Lignes passant à l'Est de la Suisse.	**Munich-Trieste.** (Europe centrale – Méditerranée).	Tunnel du Pyhrn	945	1907
	Vienne-Trieste. (Europe centrale – Méditerranée).	Cols du Semmering et de Tarvis.	992 814	1879

L'EMPIRE ALLEMAND

I. — LE SOL

Le sol est très morcelé dans l'Allemagne du Sud, t_ es homogène dans la plaine de l'Allemagne du Nord.

*****

La constitution physique de l'Allemagne s'explique par les traits suivants de son histoire géologique. 1° A la fin de l'ère primaire, les **plissements hercyniens** déterminent dans le Sud des *soulèvements montagneux,* qui s'effondrent partiellement dans la suite et ne laissent que des *massifs morcelés* : Vosges-Forêt-Noire, Bohême, Thüringerwald, Harz. — 2° Entre ces massifs, les **sédiments secondaires** et même tertiaires se déposent, plus ou moins redressés par le contre-coup des *plissements alpins* (tertiaires) et découpés en plateaux par l'*érosion.* — 3° De grands **glaciers** couvrent, au Sud, le *plateau bavarois*, et surtout, au Nord, la *plaine de l'Allemagne du Nord*, laissant après leur retrait leurs marques ordinaires, *lacs, moraines, alluvions glaciaires.* — 4° **Effondrement** de la *Mer Baltique*, à la fin de l'ère tertiaire.

64. L'Allemagne n'a ni unité physique ni frontières naturelles. — L'Allemagne a 540 000 kmq., soit un peu plus que la France. Elle se décompose en deux grandes **régions**, chacune n'étant qu'une partie d'une région plus grande qui se continue à l'Est [et à l'Ouest, hors du territoire allemand.

1° Au Sud, l'**Allemagne du Sud**, région de montagnes et de plateaux, se continuant, à l'Est, par la *Bohême* autrichienne, à l'Ouest par les *Vosges* et la *Lorraine* françaises.

2° Au Nord, l'**Allemagne du Nord**, plaine qui n'est que la portion centrale de la *grande plaine européenne*, qui s'étend de la mer du Nord à l'Oural.

D'ailleurs, de ces deux grandes régions, la première comprend un certain nombre de sous-régions très différentes, et la seconde n'a aucune frontière naturelle, ce qui explique en partie pourquoi l'Allemagne est demeurée longtemps très *morcelée au point de vue politique* et pourquoi l'on a longtemps dit, non point l'Allemagne, mais les Allemagnes.

I· Allemagne du Sud.

65. Le relief de l'Allemagne du Sud forme six régions principales. — L'Allemagne a un *relief* et un *sol* très variés. On peut y distinguer 6 régions.

1º Au Sud, le *plateau bavarois* est une plate-forme, occupée jadis, au Sud, par les *glaciers alpins* (lacs morainiques : *Ammer See, Wurm See*), et couverte, au Nord, par les *alluvions* venues de ces glaciers, graviers infertiles ; seule, la **région riveraine du Danube**, indemne de l'action glaciaire, est fertile.

2º A l'Ouest, le *Massif Vosges-Forêt-Noire* constitue deux masses montagneuses *cristallines* et symétriques (pas 1500 m. d'alt.), séparées par la plaine du Rhin ou d'Alsace (effondrement tertiaire) ; celle-ci, couverte par les *alluvions* du Rhin et des torrents montagneux, est fertile.

3º Entre ces deux régions et la Bohême, le *Plateau souabe-franconien* forme une série de paliers étagés, les plus bas vers la Forêt-Noire, les plus hauts tombant en abrupt (*Rauhe Alp, Jura franconien*) sur le Danube. Ils sont constitués soit par des *grès*, infertiles, soit par des *calcaires*, fertiles.

4º Au Nord du Massif Vosges-Forêt-Noire, le *Massif schisteux rhénan* est une pénéplaine primaire et infertile, analogue et rattachée à l'Ardenne, comprenant le *Hardt*, l'*Eifel*, le *Hunsrück*, le *Taunus*. Elle est entaillée par les **vallées** profondes du *Rhin*, de la *Moselle*, de la *Sarre*. Elle possède en bordure les grands **bassins houillers** (anciens synclinaux hercyniens) de la *Sarre* et de la *Ruhr*.

5º Entre le Massif schisteux rhénan et la Bohême, la région de la *Hesse-Thuringe* est formée par des fragments de massifs primaires, *Thüringer Wald, Hartz*, et par des massifs volcaniques, *Rhœn, Vogelsberg*, séparés par des **dépressions** : *plaines de Hesse* et *plaine de Thuringe*. Celles-ci facilitent les communications entre Est et Ouest. Elles sont en outre couvertes de limons fertiles.

6º *La bordure extérieure de la Bohême* (*Böhmer Wald, Erz Gebirge, Riesen Gebirge, Sudètes*) forme la *Haute Saxe*

4

et la *Haute Silésie*, qui possèdent d'importants **bassins houillers** (anciens synclinaux hercyniens).

66. L'Allemagne du Sud a un climat demi-continental et très humide. — L'Allemagne du Sud a des *températures excessives*, dues à sa situation demi-continentale, et des *hivers froids*, dus à son altitude. Ces deux caractères s'accentuent vers le Sud-Est qui est plus élevé et plus éloigné de la mer.

Elle a des *fortes pluies*, dues à son exposition par rapport à l'Océan et à son altitude. Ce caractère s'atténue vers le Sud-Est qui est plus éloigné de la mer.

67. L'Allemagne du Sud envoie ses eaux aux deux grands fleuves européens. — L'Allemagne du Sud est une fraction du bassin des deux *fleuves internationaux* de l'Europe. Elle possède en effet :

1° le **Rhin moyen**, large, abondant et rapide dans la *plaine d'Alsace* et dans la *plaine de Mayence*, étranglé, encaissé et plus rapide encore dans le *Massif schisteux*, étalé et assagi dans la *plaine de Cologne*. Il reçoit, par de **petits affluents**, les eaux des Vosges et de la Forêt-Noire; par la Moselle (*Sarre*), les eaux du plateau lorrain; par le **Neckar** et le **Main**, les eaux du plateau souabe-franconien;

2° le **Danube supérieur**, qui traverse une série de *bassins* et d'*étranglements* et reçoit des **torrents** alpestres, l'*Iller*, le *Lech*, et l'*Isar*, qui rendent son régime très irrégulier.

68. L'Allemagne du Sud a des aptitudes végétales et minérales très variées. — Les *aptitudes végétales* varient avec le sol. Les forêts couvrent les montagnes (*Wald* = montagne) et certaines régions gréseuses de la Souabe-Franconie. Les landes couvrent le Massif schisteux et les régions glaciaires de la Bavière. Les terres à culture, relativement très étendues, occupent la plaine du Rhin, les portions calcaires de la Souabe-Franconie, les dépressions (limons) de la Hesse-Thuringe et la partie danubienne de la Bavière.

Les *richesses minérales* abondent : bassins houillers et **minerai de fer** de la Sarre, de la Ruhr, de la haute Saxe et de la haute Silésie. *Tous sont en bordure*, à proximité, soit du Rhin, soit des grands fleuves de l'Allemagne du Nord.

2° *Allemagne du Nord.*

69. La plaine du Nord, de relief uniforme, comprend, du Nord au Sud, plusieurs bandes de sols différents. — La plaine de l'Allemagne du Nord, de relief très uniforme, est le résultat de l'érosion et des dépôts des anciens glaciers du Nord. Elle comprend du N.E. au S.O. :

1° les *croupes baltiques*, plateaux couverts de *dépôts* glaciaires, de *lacs*, et limités au Sud par d'anciennes moraines;

2° la *dépression centrale*, s'étendant de la Pologne à la Mer du Nord, ayant reçu les eaux et les alluvions des glaciers du Nord, drainée jadis par un long fleuve longitudinal, qui a été morcelé par l'établissement du réseau actuel, mais dont la grande *vallée* a subsisté intacte, unissant l'Est à l'Ouest. La région, constituée par des *sables* et des *boues* glaciaires, est couverte de *landes* stériles : landes de Lünebourg, Fläming, landes du Brandebourg;

3° les *régions à limons* du Sud, adossées aux massifs de l'Allemagne méridionale et couvertes de *limons* analogues aux limons de la Belgique (v. 45-47) et du Nord de la France. Telles sont les régions fertiles de la **Silésie**, de la **Lusace**, de la **Saxe**, et du **Hanovre**.

La *côte* diffère sur la Baltique et sur la Mer du Nord.

La côte de la Baltique, correspondant aux croupes baltiques, est plate, échancrée seulement par des baies peu profondes ou *haffs*, entièrement ou partiellement isolées de la mer par des lignes de *dunes*. Elle est infertile.

La côte de la Mer du Nord est encore plus plate et rectiligne. Mais elle est comprise dans la région des *marschen* (v. 50-51), ou régions à *polders*, propres à l'élevage.

Ces deux côtes étant également inhospitalières, les meilleurs ports naturels sont les estuaires des fleuves.

70. Le climat est de plus en plus continental de l'Ouest à l'Est. — De relief uniforme, déjà engagée dans le continent, l'Allemagne du Nord a un climat presque partout *continental* : hivers très froids, étés très chauds, pluies rares, tombant en été.

Toutefois la région côtière de la Mer du Nord a un climat *océa-*

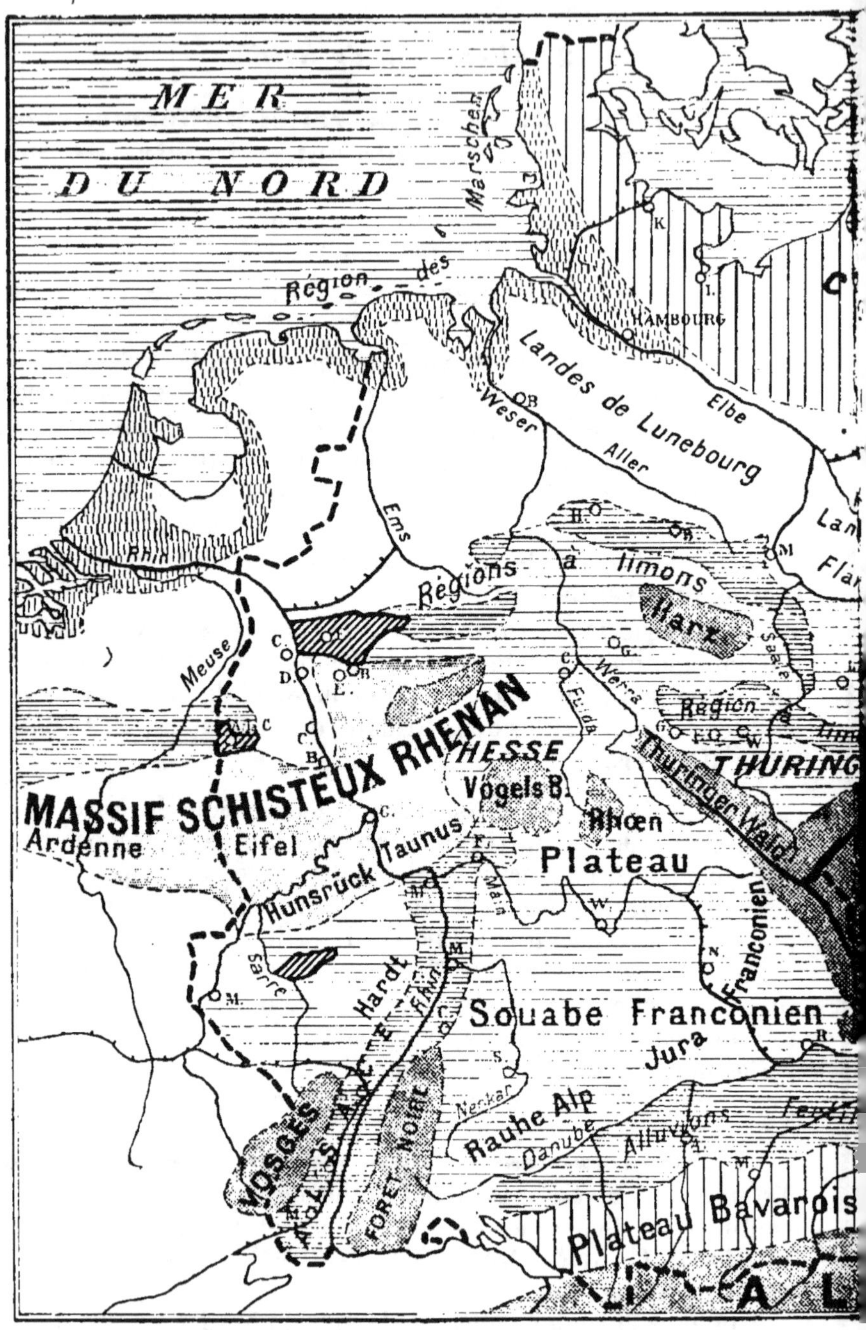

MER DU NORD
Région des
Marschen
Landes de Lunebourg
HAMBOURG
Elbe
Weser
Aller
Ems
Régions a limons
Harz
Rhin
Meuse
Werra
Fulda
Région a limons
THURINGE
HESSE
Vogels B.
Rhœn
Thüringer Wald
MASSIF SCHISTEUX RHENAN
Ardenne
Eifel
Taunus
Plateau
Hunsrück
Sarre
Hardt
Main
Souabe Franconien
Jura
Franconien
Neckar
Rauhe Alp
Danube
Alluvions
VOSGES
FORÊT NOIRE
Plateau Bavarois
A. L.
Fig. 1

BALTIQUE
Côte à Haffes
Niemen
Haffes
UPES BALTIQUES
Oder
BERLIN
Spree
Brandebourg
Warta
Vistule
Bug
OP
SILÉSIE
Oder
Régions à Lœss
BOHÊME
D.
Régions montagneuses
Plateaux primaires
Plateaux secondaires
Limons et alluvions fertiles
Bassins houillers
Plateaux à topographie glacière
(lacs, moraines)
Marschen
Ch Bonnesseur

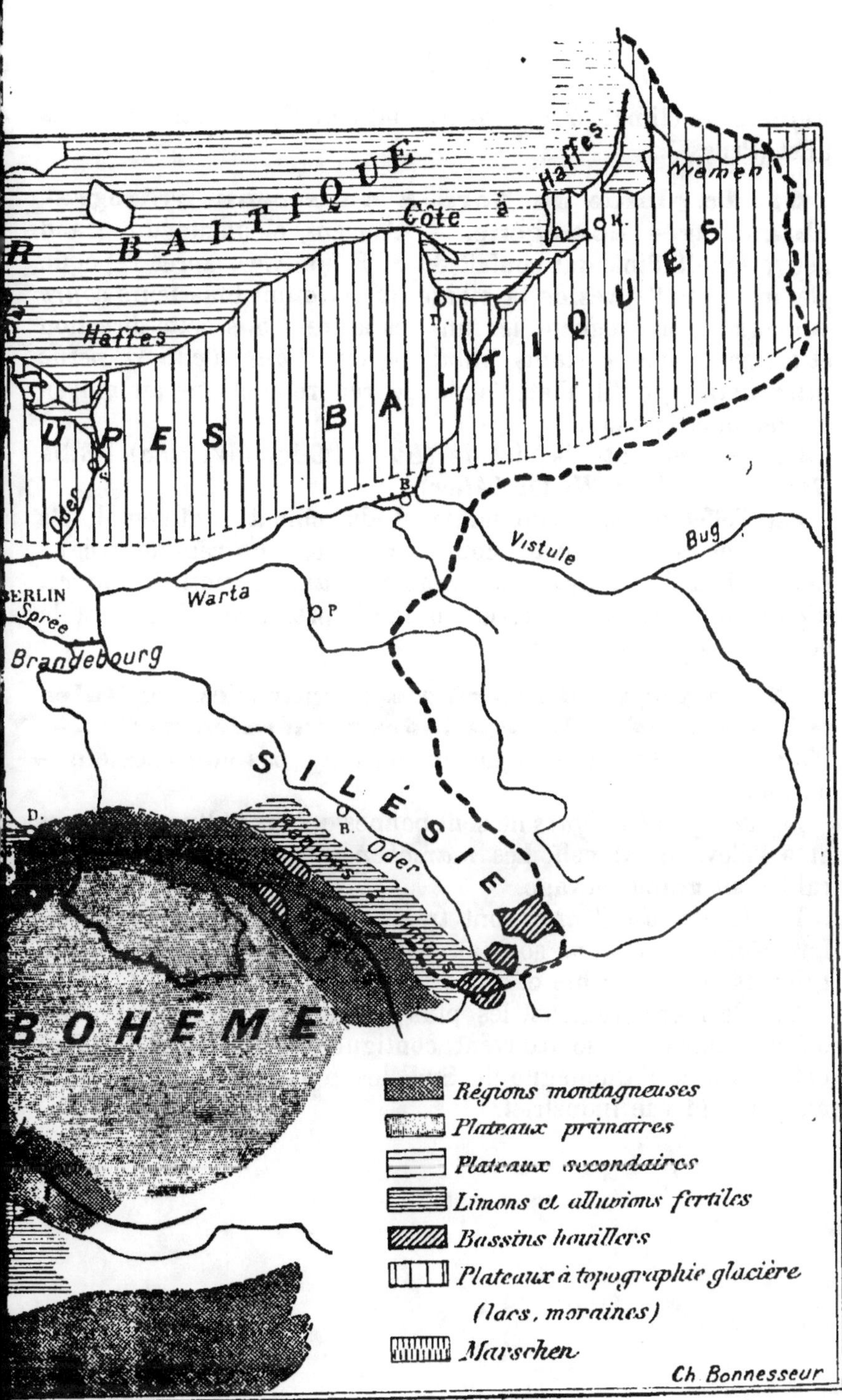

Allemagne.

nique et le climat franchement continental n'existe que dans l'Est (Prusse).

71. La plaine du Nord a un réseau hydrographique très homogène. — Anciens éléments du grand fleuve longitudinal qui coulait du S. E. au N. O. après l'époque glaciaire, les fleuves de la plaine du Nord ont tous leurs *cours moyens* se prolongeant les uns les autres dans cette direction et formant, avec certains affluents, une *ligne d'eau à peine interrompue*, qu'il a été facile de rendre continue au moyen de quelques canaux.

Ces fleuves sont : la **Vistule** (*Bug*), l'**Oder** (*Wartha*), l'**Elbe** (*Havel-Spree*), le **Weser** (*Aller*).

Par l'effet de la pente faible et du climat continental, ils avaient originellement un cours tortueux et un régime irrégulier. Mais des **travaux** considérables (*canalisation, dragages, digues, épis, écluses*, etc.) en ont fait la première voie navigable de l'Europe, après le Rhin.

72. La plaine du Nord a des aptitudes végétales très inégales et des aptitudes minérales nulles. — Plaine alluviale, l'Allemagne du Nord n'a pas de richesse minérale.

Les *croupes baltiques* ne sont bonnes qu'aux cultures maigres et à l'élevage extensif. Les *marschen* sont au contraire favorables au grand élevage.

Les *landes du Centre* sont très pauvres (pomme de terre). Les *régions à limons* sont au contraire propices à toutes les grandes cultures : blé et autres céréales, betteraves, etc.

Ces dernières régions, les plus riches de l'Empire au point de vue agricole, se trouvent contiguës aux bassins miniers extérieurs de l'Allemagne du Sud, les plus riches de l'Empire au point de vue industriel.

II. — LA NATION ALLEMANDE

Longtemps morcelée, l'Allemagne ne forme une nation et un Empire confédéré que depuis 1871. Son unité a exercé une influence profonde sur son peuplement et sur son essor économique.

****

Principales dates de la formation de l'unité allemande : *1834.* Constitution du premier *Zollverein* ou Union douanière ; — *1864.* Annexion du *Slesvig*, du *Holstein* et du *Lauenbourg* ; — *1867.* Victoire de la Prusse sur l'Autriche ; — *1871.* Annexion de l'*Alsace-Lorraine*, constitution de l'Empire allemand.

73 L'unité de race n'est pas absolue en Allemagne. — Comme dans les autres États modernes, l'unité de l'État en Allemagne n'est pas fondée sur l'unité de la race. Sans doute la *race germanique* constitue le fond essentiel de la population allemande (93 p. 100) ; mais :

1° On peut distinguer **deux éléments** parmi ces Germains : les *Allemands du Sud* (langue : le *hochdeutsch* ; religion commune : le *catholicisme*) et les *Allemands du Nord* (langue : le *plattdeutsch* ; religion commune : le *protestantisme*) ; les uns et les autres ayant d'ailleurs un type assez analogue (haute taille, cheveux blonds, yeux bleus), mais plus accusé chez les seconds.

2° Il y a des **Germains hors d'Allemagne** : en *Autriche*, en *Suisse*, en *Russie*.

3° Il y a en Allemagne des **populations non germaniques** : *Polonais* (Pologne), *Français* (Lorraine), *Danois* (Slesvig), *Lithuaniens* (Prusse), *Tchèques* (Silésie et Saxe).

74. L'unité allemande a un fondement politique récent. — Longtemps morcelée, plus encore au Sud qu'au Nord, l'Allemagne n'est arrivée à l'unité politique que récemment (1871), à la suite de **guerres** contre ses voisins : Danemark, Autriche, France.

Elle forme un *Empire fédéral constitutionnel*, qui comprend 4 royaumes (*Prusse, Bavière, Saxe, Wurtemberg,*) 6 grands-duchés (principaux : *Bade, Hesse*), 5 duchés,

7 principautés, 3 villes libres (*Hambourg*, *Brême*, *Lübeck*) et une Terre d'Empire (*Alsace-Lorraine*).

Le *pouvoir exécutif* appartient à un **Empereur Allemand** (le roi de Prusse), héréditaire, assisté d'un *chancelier*, qu'il nomme.

Le *pouvoir législatif* appartient à un **Bundesrath**, composé de 58 *plénipotentiaires* nommés par les chefs des États fédérés, et à un **Reichstag**, élu pour 5 ans au *suffrage universel*.

L'Empire a un budget distinct de ceux des États confédérés pour les *services publics* (armée, marine, relations diplomatiques et commerciales, chemins de fer, postes et télégraphes).

75. L'unité allemande a développé la prospérité économique. — L'unité allemande a puissamment contribué au développement économique des États confédérés : en abaissant les *barrières douanières* qui les séparaient, — en permettant de compléter et d'unifier le réseau des *voies de communication* de terre et d'eau, — en excitant et en protégeant l'*industrie*, — en créant des débouchés commerciaux par des *traités de commerce*, — en proclamant les principes de la « politique mondiale » (*Weltpolitik*).

76. L'unité allemande a accru le peuplement de l'Empire. — Le surcroît de puissance matérielle et de prospérité économique a coïncidé avec un accroissement de la population de l'Empire, qui est de 62 millions d'hab. — C'est l'État le plus peuplé de l'Europe après la Russie.

Cette population a crû rapidement depuis 1871 (41 millions d'hab.), et croît encore avec une rapidité à peine ralentie. L'accroissement se porte surtout sur la **population urbaine** (84 villes de plus de 50 000 hab., 41 de plus de 100 000 hab., 19 de plus de 200 000 hab.).

La densité moyenne (112 hab. au kilomètre carré) est encore inférieure à celle du Royaume-Uni. Elle varie d'ailleurs beaucoup avec les régions.

III. — LES GRANDES RÉGIONS DE PEUPLEMENT

La population de l'Allemagne est très inégalement répartie entre des régions industrielles et agricoles, dont les unes sont très riches et surpeuplées et les autres très pauvres.

*
* *

Il n'y a aucun rapport entre les *divisions politiques* de l'Allemagne et ses régions naturelles. Par exemple, la plaine de l'Allemagne du Nord, si homogène, comprend encore aujourd'hui un certain nombre de duchés englobés dans les territoires du royaume de Prusse. Dans l'Allemagne du Sud, la Bavière ne comprend pas seulement le plateau bavarois, mais une portion du plateau souabe-franconien ; la région rhénane est partagée entre l'Alsace-Lorraine, le duché de Bade, le Palatinat, le grand-duché de Hesse et la Prusse ; etc.

77. Le plateau bavarois doit sa prospérité à sa situation plus qu'à son sol. — Couvert de *forêts*, de *landes* et de quelques *pâturages* dans la **région du Sud** (alluvions glaciaires), le plateau bavarois est, là, une région d'élevage, d'industrie laitière et d'industrie du bois. Il est peu peuplé.

Dans la **région du Nord** (limons fertiles), il est propre aux cultures (*céréales, houblon*) et à l'industrie de la bière. Il est plus peuplé.

Mais surtout, grâce à sa situation et au *Danube*, c'est une grande région de communication entre Europe occidentale et Europe centrale, entre Allemagne du Sud et Autriche. C'est là ce qui a fait de tout temps l'*importance politique* et *économique* de l'*État bavarois* (duché, puis royaume).

Les principales villes sont : **Munich** (538 000 h.), *Augsbourg* et *Ratisbonne*.

78. Le plateau souabe-franconien est une région de forêts, de culture et de petite industrie. — Couvert de *forêts* dans les parties siliceuses, de *cultures* dans les parties calcaires, de *pâturages* dans les unes et les autres, ce plateau est surtout fertile et peuplé dans les **vallées**, abritées et plus chaudes (*vigne, fruits*), du **Neckar** et du **Main**, qui sont aussi les grandes *voies* entre pays rhénans et Bohême-Autriche.

La population est surtout agricole; cependant, dans les villages montagnards et dans les grandes villes, fleurissent de petites industries : *horlogerie, jouets de bois, bijouterie, imprimerie.*

On y trouve un grand nombre de petites villes, très anciennes, et quelques très grandes villes : **Nuremberg** (294 000 h.), *Würtzbourg*, **Francfort** (334 000 h.), la ville du Main, et **Stuttgart**, la ville du Neckar.

79. La Hesse-Thuringe est une région d'agriculture et de passage. — Formée de *massifs boisés*, bons aussi pour les *pâturages*, et de dépressions couvertes de *limons* fertiles, la Hesse-Thuringe est surtout peuplée dans ces dépressions, qui sont propres aux **cultures riches** (*orge, blé*, etc.) et qui facilitent les **communications** entre les pays rhénans et la Saxe.

Les villes sont dans ces dépressions : *Weimar, Erfurt, Gotha*, sur le bord de la dépression de Thuringe (route entre Leipzig et Francfort); *Cassel, Göttingen*, dans les dépressions de Hesse (route entre Francfort et Hanovre).

80. La région rhénane est une des régions essentielles de l'Empire par sa richesse agricole et industrielle. — Entre des massifs hauts, froids et siliceux (*Vosges, Forêt-Noire, Massif schisteux rhénan*), couverts de bois et de pâturages, peu peuplés et sans grande ville, la région rhénane comprend une série de **bassins** (*Alsace, Palatinat, bassin de Mayence, bassin de Cologne*) que le **Rhin** unit entre eux.

Grâce aux alluvions du Rhin, au Sud, et aux limons du Nord, les **cultures riches** y abondent : *betterave, blé, vigne* sur les basses pentes bien exposées. De plus l'élevage du *mouton* a déterminé l'industrie **textile** de la *laine*, qu'a suivie celle du *coton* (Mulhouse).

D'autre part, grâce aux grands **bassins houillers** de la Sarre et de la Ruhr, l'industrie **métallurgique** y a établi un de ses principaux foyers.

Enfin le Rhin est la grande **voie commerciale** entre la *Mer du Nord* et *l'Europe centrale*.

Aussi la région rhénane est-elle **surpeuplée** et possède-t-elle de nombreuses et grandes villes industrielles et commerçantes : *Mülhouse, Colmar,* **Strasbourg, Carlsruhe,** dans la plaine du Sud ; *Metz* et *Trèves,* les villes de la Moselle et de la Sarre ; **Mannheim,** grand port fluvial ; *Mayence, Coblentz, Bonn,* **Cologne** (428 000 h.), **Aix-la-Chapelle,** et la grande **agglomération de la Ruhr : Düsseldorf, Essen,** *Elberfeld, Barmen, Crefeld, Duisbourg.*

81. Il en est de même de la Saxe-Silésie. — Région intermédiaire entre Haute et Basse Allemagne, la *Saxe* doit sa prospérité aux *limons* de sa région basse, qui en font un pays de **grandes cultures** (*betterave*) et d'industries agricoles (*sucre*), et à son *bassin houiller,* qui en fait un pays de grande industrie (*métallurgie, industrie cotonnière*).

Surpeuplée, la Saxe possède de très grandes villes : **Dresde** (514 000 h.), **Chemnitz, Leipzig** (502 000 h.).

La Saxe est unie au Nord et à la mer par la voie fluviale de l'Elbe.

Région intermédiaire entre la Bohême et la Basse Allemagne, la *Silésie* doit également sa prospérité aux *limons* de sa région basse, qui en font un pays de **grandes cultures** et d'industrie agricole (*betterave sucrière*) et au *bassin minier* de Haute-Silésie, qui en fait un pays de **grande industrie** (*métallurgie, cotonnades*). La principale ville est **Breslau** (470 000 h.).

La Silésie est unie au Nord et à la mer par la voie fluviale de l'Oder.

82. Les régions à limons de l'Allemagne du Nord ont des cultures riches et sont surpeuplées. — Comme la Basse-Saxe et la Basse-Silésie, les autres régions à *limons* de l'Allemagne du Nord (*Hanovre, Westphalie*) ont des cultures riches (*céréales, betterave*) et de grandes industries agricoles, dont la principale est l'*industrie sucrière.* Elles sont desservies par la grande ligne de navigation qui traverse l'Allemagne du Nord.

Elles ont une population rurale dense et quelques grandes villes : **Magdebourg,** *Brunswick,* **Hanovre,** *Münster.*

83. Le reste de l'Allemagne du Nord, seulement propre aux cultures maigres et à l'élevage extensif, est peu peuplé, mais possède Berlin. — Les *lande* du centre et les *croupes baltiques* comprennent des **forêts**, des **cultures maigres** (*seigle, sarrasin, pomme de terre*) et des **pâturages** (*chevaux, bœufs*). La *grande propriété* y domine, surtout à l'Est. Toutefois, cette partie déhéritée de l'Allemagne du Nord est une **grande voie de communication** et crée un lien entre l'Allemagne industrielle du Sud et la mer, grâce à la rigole naturelle qui la traverse du Sud-Est au Nord-Ouest et aux **canaux** qui y relient les tronçons médians des fleuves : de Ruhr à Minden (*Weser*), de Minden à Magdebourg (*Weser-Elbe*), de Magdebourg à Francfort-sur-Oder par Berlin (*Elbe-Oder*), de Nakel à Brombey (*Netze-Vistule*).

La population est éparse, les villes rares : *Posen, Bromberg*. Mais, sur la ligne de la Sprée, entre Elbe et Oder, se trouve *Berlin* (2 040 000 h.) qui a dû sa prospérité première à sa position militaire (marais) et à sa situation médiane (*Brandebourg*) entre les territoires *polonais* et *rhénans* du **royaume de Prusse**. C'est aujourd'hui la capitale de l'Empire, la troisième ville d'Europe, celle qui a le plus vite grandi au siècle dernier.

84. La côte de la Mer du Nord est plus favorisée et plus peuplée que la côte de la Mer Baltique. — Généralement plates et sableuses, les côtes allemandes n'ont qu'une rare population de *pêcheurs* et de *cultivateurs*. Toutefois la côte de la Mer du Nord, bordée de **Marschen** (polders) propres à l'*élevage du gros bétail*, est plus peuplée.

Les ports naturels, *haffs* et *estuaires*, sont également rares. Toutefois, la **Mer du Nord** est supérieure à la Baltique par la qualité des estuaires, par la richesse de l'arrière-pays (pays rhénans, Saxe) et par les débouchés vers l'extérieur.

Pourtant, à côté de *Kœnigsberg* et de *Dantzig*, la Baltique a des ports florissants : *Lübeck* et **Stettin**, le port de l'Oder. Mais la Mer du Nord a **Brême** et surtout **Hambourg** (803 000 h.), le grand port de l'Elbe, le troisième port de l'Europe, le quarième du monde.

IV. — LA VIE ÉCONOMIQUE

L'Allemagne est devenue rapidement une des premières puissances économiques du monde.

****

Un conflit économique permanent sépare les régions surtout industrielles du *Sud-Ouest* des régions uniquement agricoles du *Nord-Est*. Les premières veulent conserver le *libre-échange* et demandent un canal du Rhin à l'Elbe pour l'exportation de leurs produits industriels. Les secondes sont *protectionnistes*, pour éviter la concurrence des pays de grandes cultures et s'opposent au canal du Rhin à l'Elbe, craignant l'invasion des blés américains par Rotterdam (v. 72). Mais l'aristocratie *agrarienne* le cède de plus en plus numériquement et politiquement à la grande bourgeoisie *industrielle* et *commerçante*, qui dirige actuellement la politique économique de l'Allemagne.

85. L'Allemagne est l'État de l'Europe qui a relativement le plus de voies de communication naturelles et artificielles. — L'Allemagne a un réseau de *voies navigables* de plus de 14 000 kilomètres. Il comprend :

1° Des **cours d'eau** nombreux, divisés en trois *réseaux* : celui de l'Allemagne du Nord, celui du Rhin, celui du Danube. Les deux premiers, grâce à des *travaux* nombreux et coûteux, sont excellents ;

2° Des **canaux.** Les plus importants à l'heure actuelle unissent entre eux les fleuves de l'Allemagne du Nord. Un *grand projet* tendrait à unir à ceux-ci le réseau du Rhin (en deux points : Duisbourg et Francfort) et le réseau du Danube (V. 115).

Le réseau des *voies ferrées* dépasse 57 000 kilomètres. C'est le plus développé de l'Europe, absolument. Mais, relativement à la superficie du territoire, il est inférieur à ceux de la Belgique et de l'Angleterre. Ce réseau est surtout serré dans les *grandes régions industrielles.*

Les voies les plus fréquentées sont : 1° *celles qui unissent les régions industrielles* entre elles (de Francfort à Leipzig, de Leipzig à Munich, de ces trois villes à Berlin, à Hambourg, et à Rotterdam ; 2° les *voies transcontinentales* (Paris-Saint-

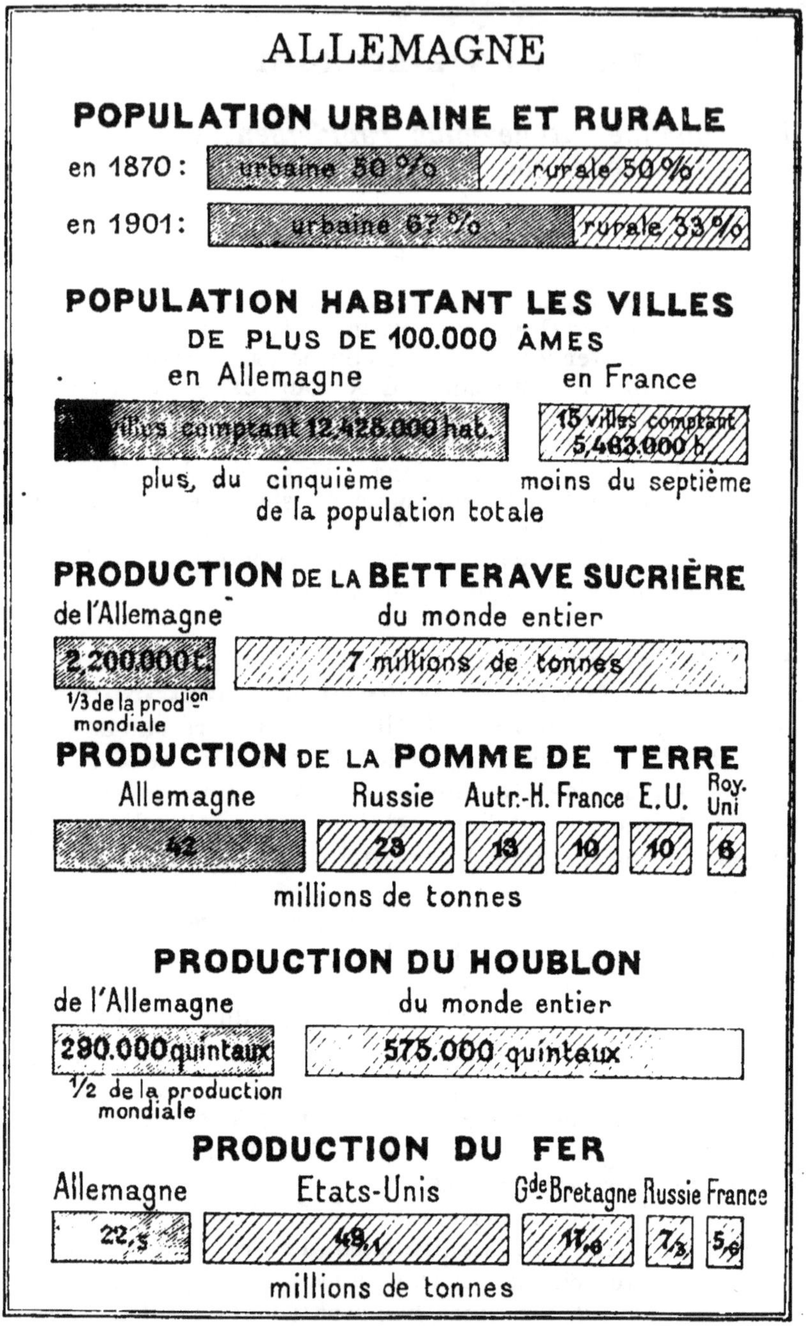

Fig. 12. — Allemagne : population et puissance.

Pétersbourg, par Berlin ; Paris-Vienne, par Munich ; Hambourg-Gênes ou Trieste, par les Alpes).

86. L'Allemagne est plus riche en cultures industrielles qu'en produits simplement alimentaires. — L'Allemagne a une grande partie de son sol naturellement infertile. Malgré de nombreux travaux, 35 pour 100 de son sol est encore couvert de *forêts* ou de *landes* incultes.

Les *produits alimentaires* les plus répandus sont les **céréales pauvres**, *seigle* et *avoine*, beaucoup plus que le *blé* et l'*orge*, et les **pommes de terre** (sols sableux et siliceux). La *vigne* n'est abondante que dans la région rhénane. La production des céréales augmente beaucoup moins rapidement que la population et son insuffisance s'accentue rapidement.

Les produits de l'élevage, *bœufs* et *vaches* de l'Allemagne du Sud et des Marschen, *chevaux*, *moutons* et *porcs* de l'Allemagne du Nord, ne suffisent pas à la consommation.

Les *cultures industrielles*, très abondantes sur les *limons* de la plaine du Nord et dans les *bassins alluviaux* de l'Allemagne du Sud, sont le *lin*, le *chanvre*, le *houblon* et surtout la **betterave sucrière** (plus de 10 pour 100 des terres riches). Elles alimentent une industrie prospère.

L'Allemagne, pour sa subsistance, est donc tributaire de l'étranger.

87. L'industrie allemande, de développement récent, est la troisième du monde. — L'industrie allemande est née après 1871.

Les *causes de son développement* sont : 1° l'impulsion du gouvernement impérial ; 2° sa production en houille (la *troisième* puissance du monde pour la quantité ; la *première*, pour le bas prix de la houille) ; 3° sa production en minerais (*fer, zinc*) ; 4° son réseau de **voies navigables**, pour le *transport des matières lourdes*.

Ses *grandes industries* sont :

1° l'industrie **métallurgique** (Sarre, Ruhr, Saxe-Silesie) ;

2° les industries **chimiques**, succédanées de la *houille* ;

3° les industries **textiles**, moins florissantes (laine, soie), sauf l'*industrie cotonnière* (Saxe-Silésie, Westphalie, Alsace) ;

4° les industries **alimentaires** (*brasserie, alcools*), parmi lesquelles il faut mettre au premier rang l'industrie sucrière,

la première du monde, égale à celles de la France et de l'Au
triche-Hongrie réunies.

**88. L'Allemagne est la deuxième puissance com-
merciale du monde.**— De production industrielle très
supérieure et de production agricole très inférieure à sa capacité de consommation, l'Allemagne est devenue rapidement
une grande puissance commerçante, possédant une flotte
commerciale nombreuse.

La plus grande partie de son commerce extérieur se fait par
Hambourg, le *premier port de l'Europe continentale* (port
franc; avant-port : *Cuxhaven;* annexe : Altona), dont l'importance a encore augmenté depuis qu'un *canal* le relie directement à la Baltique. Les autres débouchés maritimes de l'Allemagne sont **Brodno**, **Stettin** et surtout **Rotterdam** (voie du
Rhin).

Son commerce annuel s'élève à près de 18 *milliards* de fr. et
n'est dépassé encore de beaucoup que par celui du Royaume-
Uni. Ses *importations* (55 pour 100) sont supérieures à ses *exportations* (45 pour 100).

***Elle importe* :** des **matières premières** (*coton* des États-
Unis, *laine* de l'Argentine, *soie* de la Chine), des **produits
alimentaires** (*céréales* des États-Unis, de la Russie, de la
Hongrie; *bétail* des États-Unis, de l'Argentine et de la Hongrie; *vins* de France et de Hongrie; *café* du Brésil) et des
objets fabriqués (*soieries* et *articles de Paris*) de France et
d'Angleterre.

***Elle exporte* :** des **objets fabriqués** (*produits chimiques,*
dans le monde entier; *métallurgie,* dans les pays neufs et
dans l'Europe orientale ; *cotonnades,* dans les mêmes régions),
des **produits alimentaires** (*sucre* et *alcools,* dans l'Europe
orientale), des **matières premières** (*houille* et *fer,* dans l'Europe orientale et méditerranéenne).

Ses *principaux clients* sont : la *Grande-Bretagne,* les
États-Unis, l'*Autriche-Hongrie,* la *Russie,* la *France,* les
Pays-Bas, les *États balkaniques.* Elle fait plus des deux tiers
de son commerce avec l'Europe.

V. — L'IMPÉRIALISME ALLEMAND

L'impérialisme allemand et la « Politique mondiale » sont nés des victoires politiques et économiques de l'Empire allemand et de l'accroissement de sa population.

***

« **Weltpolitik** » est un mot qu'inventèrent les théoriciens politiques allemands pour indiquer que l'Empire ne doit pas jouer seulement un rôle politique et économique prépondérant en Europe, mais dans le monde entier, par l'*émigration*, la fondation de *colonies*, de *comptoirs commerciaux*, etc.

89. L'Allemagne a un empire colonial très médiocre. — L'empire colonial de l'Allemagne, de fondation très récente. est assez étendu (2 600 000 kmq.), mais très peu peuplé (13 600 000 h.).

Les principales colonies sont **en Afrique** : *Togoland, Cameroun, Afrique orientale allemande, Sud-Ouest africain.* Les deux premières, analogues par la constitution et le climat à l'État indépendant du Congo, mais sans les avantages d'un grand fleuve, se développent lentement et peuvent devenir des centres importants d'exportation de *caoutchouc*, d'*huile de palme* et de *café*. — La troisième n'est encore cultivée que sur la côte, et son commerce, par le fait de sa situation, plus éloignée de la mer Rouge et de la route de l'Inde, est inférieur à celui de l'Afrique orientale anglaise et de Zanzibar. — La quatrième est un désert.

Autres colonies : *en Océanie*, la Terre de l'Empereur Guillaume, les Iles Bismarck et Salomon, les Carolines, les Mariannes et les Samoa ; *en Asie*, Kiao-Tchéou (v. 150).

Ces colonies servent moins à l'Allemagne de territoires d'exploitation que de points d'appui éventuels pour sa flotte.

90. L'Allemagne a de nombreux nationaux, formant de véritables « colonies » en Europe et hors d'Europe. — Pendant une certaine période, surtout entre 1875 et 1890, sa population s'accroissant plus vite que ses ressources, l'Allemagne a été un foyer de **grande émigration**. Cette émigration est aujourd'hui presque arrêtée. Mais les émigrés ont formé à l'étranger de véritables *colonies*, conservant le plus possible l'esprit de leur race (*Deutchthum*).

Les Allemands émigrés se sont établis surtout :

1° **En Europe** : *Russie, Bohême, Autriche, Alpes autrichiennes, Suisse, Belgique, Hollande*, c'est-à-dire **sur tout le pourtour de l'Empire** (sauf la France, où ils sont peu nombreux) ;

2° **Hors d'Europe** : *États-Unis, Guatémala* et *Honduras, Brésil, Argentine*, c'est-à-dire surtout **dans les pays neufs d'Amérique.**

Ils ont en outre des **comptoirs commerciaux** dans le monde entier, surtout en *Extrême-Orient* et en *Asie Mineure*.

91. Pourtant l'Allemagne est moins encore une puissance mondiale qu'une puissance continentale.

— Malgré son essor commercial et son émigration (d'ailleurs arrêtée), l'Allemagne est surtout une **puissance continentale et européenne.**

1° Son territoire est plus continental que maritime;

2° De nombreux Allemands sont établis dans l'Europe centrale et détournent une partie de son action politique ;

3° Sa puissance militaire est plus terrienne que navale;

4° Elle fait les deux tiers de son commerce avec l'Europe.

Mais, de plus en plus, elle travaille à échapper aux lois de la géographie qui la disposent plus à l'hégémonie de l'Europe centrale **qu'à l'expansion mondiale.**

L'AUTRICHE-HONGRIE

I. — LES RÉGIONS NATURELLES DE L'AUTRICHE-HONGRIE

Le territoire de l'Autriche-Hongrie est constitué par un ensemble très disparate de régions naturelles, entre lesquelles le réseau du Danube forme un lien beaucoup plus apparent que réel.

Quatre faits principaux de l'histoire géologique expliquent la constitution du territoire si disparate de l'Autriche-Hongrie : 1° à la fin de l'ère primaire, les **plissements hercyniens**, dont le *massif de Bohême* est un fragment ; — 2° au milieu de l'ère tertiaire, les plissements alpins, qui ont formé les *Alpes*, les *Karpates*, les *Balkans* ; — 3° à la fin de l'ère tertiaire, l'affaissement de l'Adriatique (formation des *îles dalmates*, chaînes noyées) ; — 4° l'*émersion* lente du golfe hongrois produisant la plaine de Hongrie.

92. L'Autriche-Hongrie comprend sept régions naturelles très différentes. — L'Autriche-Hongrie, sur un territoire à peine plus grand que l'Allemagne (625 000 kmq.), est composée de **sept régions naturelles** :

1° Les *Alpes*,
2° La *Bohême*,
3° Les *Karpates*,
4° La *Galicie-Boukovine*,
5° Le *Karst* et la *Bosnie*,
6° Les *plaines centrales*,
7° La *région de l'Adriatique*.

De ces sept régions, une seule, celle des **plaines centrales**, lui appartient dans son intégrité.

93. Les Alpes Orientales sont constituées par des massifs parallèles, où la vie, surtout pastorale, est

concentrée dans les vallées. — Les Alpes Orientales sont constituées par une série de *massifs* parallèles, alignés Est-Ouest, cristallins et plus hauts au Centre (*Adamello, Ortler, Œtzthal*), sédimentaires et plus bas au Nord (*Vorarlberg, Alpes de Salzbourg* et *d'Autriche*) et au Sud (*Alpes Carniques*).

Ces massifs sont séparés par des *vallées longitudinales*, larges, assez basses, et pénétrant au cœur de la montagne, formées par des *affluents du Danube* et constituant autant de pays distincts : *vallées de l'Inn* (Engadine), *de la Mür* (Styrie), *de la Drave* (Carinthie), *de la Save* (Carniole).

De climat rude, les Alpes Orientales sont très *boisées* et surtout propres à l'**élevage**. Elles possèdent en outre quelques **régions minières** (fer, plomb). Elles sont enfin une région de **transit actif**, grâce aux voies ferrées qui les traversent du N. au S. en passant par les *cols du Pyhrn, du Semmering* et *du Brenner*.

La *population* est concentrée dans les vallées et y a constitué des petits États particuliers, qui furent presque toujours dans la mouvance de l'Autriche, et dont le principal était le **Tirol** (vallées de l'Inn et de l'Adige). Les villes sont : **Gratz**, *Trente, Salzbourg, Klagenfurt, Innsbrück, Laibach.*

94. Le massif de la Bohême est une région de moyenne culture et de grande industrie. — Le massif bohémien est une **pénéplaine** hercynienne, constituée par des roches cristallines et primaires, entourée par un **quadrilatère de hauteurs** (*Böhmerwald, Erz Gebirge, Riesen Gebirge, monts Sudètes*), qui s'abaisse au Sud-Est de l'Autriche (*Porte Morave*), tandis que la plus grande partie des eaux (*Elbe supérieure, Moldau*) s'écoule au Nord, vers l'Allemagne.

La Bohême n'est pas un grand pays agricole. Toutefois, dans certaines régions, grâce aux alluvions ou aux amendements, les **cultures riches** réussissent : *betterave, houblon, orge, blé, lin.*

D'autre part, les **richesses minières** sont abondantes, surtout la *houille* (dans les synclinaux hercyniens), le *fer* et le *cuivre.*

Aussi la Bohême est-elle un grand **pays industriel** : industries agricoles (*sucre, bière*), **textiles** (*cotonnades* et *toiles*), **métallurgique ; verrerie** (grâce aux éléments siliceux du sol).

Très riche, la Bohême est très peuplée. Les villes principales sont : **Prague** (226 000 h.), *Brünn, Pilsen* et *Reichenberg*.

95. La région des Karpates est, à l'Est, une réplique de la région des Alpes. — Constituées comme les Alpes par des plissements tertiaires, les Karpates comprennent : au N., les *massifs de Haute-Hongrie (Tatra)*, hauts, cristallins, sculptés par d'anciens glaciers; au C., les *Karpates boisées*, plus minces et plus bas; au S., le haut *bassin de Transylvanie*, dominant en abrupt la Roumanie au S. E., s'inclinant doucement au N. O. vers la Hongrie.

Le climat est rude, assez humide; de nombreuses rivières y naissent : *Vistule, Dniestr, Tisza*.

Les Karpates n'ont pas, comme les Alpes, de larges vallées pouvant servir au passage ou à l'habitat. Leurs seules richesses sont les forêts (*industries du bois*) et quelques **mines de pétrole**, à la limite.

La population, assez rare, n'est nombreuse qu'à la limite de la montagne et de la plaine hongroise. Aucune grande ville.

96. La Galicie, la Podolie et la Bukovine sont des régions agricoles tournées vers l'Est. — La Galicie, la Podolie et la Bukovine sont essentiellement constituées par des *terrasses*, qui flanquent les Karpates à l'Est.

Plus orientales, elles ont un **climat plus continental**, c'est-à-dire plus *excessif*; mais, plus basses, elles ont un climat plus *doux* et plus *sec*. En outre, les limons fertiles, qui recouvrent en partie le sol, y permettent la culture des **céréales**.

Ces régions sont purement agricoles, *surpeuplées* et fournissent une abondante *émigration* vers les terres à cultures de l'Amérique. Villes principales : **Cracovie, Lemberg** (180 000 h.) et *Czernowitz*.

97. Les plateaux du Karst et de Bosnie sont calcaires, secs et peu fertiles. — Constitués par des plateaux ou des chaînes calcaires, le Karst et la Bosnie ont une altitude élevée, un climat rude (chaleur excessive en été, vent froid d'hiver ou *bora*) et assez sec (influence méditerranéenne), un sol très perméable, percé de trous, ou *dolines*, où se perdent les eaux. La vie y est difficile : quelques fruits, peu de cultures; la principale ressource est l'élevage des *chèvres*.

4**

GRANDE
Erz Gebirge
Riesen Geb.
Sudètes
Elbe
PRAGUE
BOHÊME
Böhmer Wald
Danube
Collines de Moravie
AUTRICHE
Inn
VIENNE
L.
C. du Semmering
Inn
C. du Brenner
Engadine
TIROL
ALPES
Mur
STYRIE
Adige
Drave
CARINTHIE
Save
CARNIOLE
OL.
Karst
ISTRIE
ADRIATIQUE
DALMATIE
BOSN
Save
HERZÉG

Bassins houillers
Plateaux
Régions montagneuses

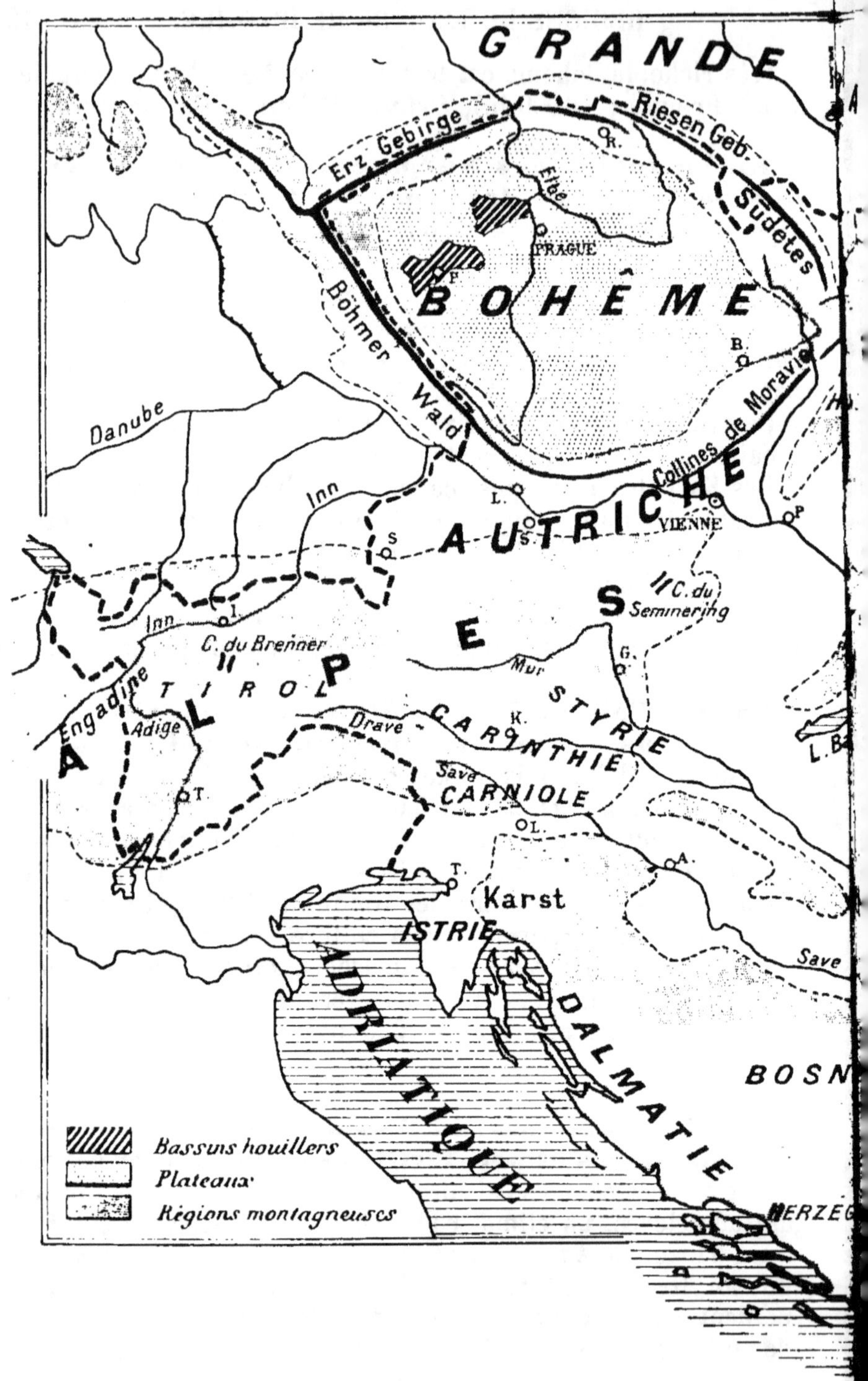

Fig. 13. —

AINE EUROPÉENNE
Vistule
GALICIE
LO
Karpates
Dniestr
PODOLIE
KAR
Tatra
boisées
HONGRIE
Prouth
Sereth
BUKOVINE
PATES
Tisza
O D
B O P
ONGRIE
TRANSILVANIE
S O
S O
Maros
ROUMANIE
BALKANS
Danube
Ch Bonnesseur

e-Hongrie.

Une population, assez rare, vit concentrée dans les vallées. Villes : *Seraievo*, *Agram*.

98. Des deux plaines centrales. Autriche et Hongrie, la première est industrielle, la seconde agricole. — Le centre, la partie vitale de l'Empire, est formé par l'Autriche et la Hongrie.

L'Autriche est constituée par une série de *bassins alluviaux* du Danube, séparés par des étranglements; le plus étendu, à l'Est, forme l'Autriche proprement dite.

Couverte d'*alluvions fertiles*, entourée de *régions minières* (Bohême, Alpes), l'Autriche possède des **cultures riches** (*betterave, lin, orge*), des **industries agricoles** (*bière, sucre*), **textiles** (*toiles, cotonnades*) et **métallurgiques**.

Elle est le lieu d'un **transit actif** grâce à la *voie de communication* qu'ouvre le Danube, d'Ouest en Est, et surtout grâce à des **voies ferrées transcontinentales**, Est-Ouest et Nord-Sud, qui s'y entre-croisent.

C'est donc une région très prospère et de *population très dense*. Parmi les villes, assez nombreuses, les principales sont : *Linz*, *Steyr* et surtout **Vienne** (2 millions d'hab.), la capitale de l'Autriche, la quatrième ville de l'Europe, une des plus belles du monde.

La *Hongrie* est une des plus vastes plaines de l'Europe, coupée en deux par le massif du *Bakingwald*.

Ancien fond de mer, couvert de riches *limons*, de *climat continental* (étés très chauds, hivers très rudes) et assez sec (surtout à l'Est), la Hongrie est occupée dans les régions les plus humides par des cultures de céréales, dans les régions les plus sèches par des *steppes*, bonnes pour l'élevage. Elle produit en abondance du **blé**, des **chevaux** et des **moutons**.

Sa population, assez considérable, est presque exclusivement agricole. Ses plus grandes villes, hors la capitale politique et intellectuelle, **Budapest** (870 000 h.), sont surtout des marchés agricoles : *Szegedin*, *Szabadka*, *Debruczen*, *Pozsony* (Presbourg).

99. Le réseau du Danube constitue entre ces régions disparates un lien trop lâche. — Le Danube est le fleuve le plus long de l'Europe, après la Volga; le plus abondant, après le Rhin. Ses principaux affluents sont la Drave (affl. de la Mur) et la Save, qui viennent des Alpes ; la Morava, qui vient de Bohême ; la Tisza, qui vient des Karpates.

Il doit son importance à la voie qu'il dessine entre Europe occidentale et Europe orientale. Mais ses **défauts** sont nombreux, au point de vue autrichien et au point de vue international :

1° Il n'a ni son cours supérieur, ni son cours inférieur dans le territoire de l'Empire ;

2° Il débouche dans une *mer fermée* : la **mer Noire** ;

3° Il est très peu **homogène**, s'étalant dans des *bassins*, qui alternent avec des *étranglements*, où il est trop étroit et trop rapide ;

4° Il a un **régime** moins régulier que le Rhin, la plupart de ses affluents lui venant des Alpes et des Karpates et ayant un *régime torrentiel*.

100. La région de l'Adriatique ouvre à l'Empire un débouché insuffisant vers la mer. — Seul débouché de l'Empire vers la mer, la région de l'Adriatique possède, au N., des côtes découpées, riches en bons ports naturels (*péninsule de l'Istrie*), et, au S., une côte rocheuse, bordée d'îles allongées, qui lui sont parallèles (anciennes chaînes noyées) et en sont séparées par des chenaux profonds (anciennes vallées noyées) : c'est la *côte de Dalmatie*.

Riche en petits *ports* naturels, abritant une nombreuse population de *pêcheurs*, la région possède un très grand port, Trieste (196 000 h.), qui a supplanté Venise, et concentre une bonne part du commerce entre l'Europe centrale et la Méditerranée, grâce aux voies transalpines (V. 63), qui y aboutissent.

II. — LES NATIONALITÉS D'AUTRICHE-HONGRIE

*La population de l'Autriche-Hongrie est constituée
par un ensemble très disparate de races, entre lesquelles
la constitution politique forme un lien artificiel et lâche.*

*****
*** ***

Ancienne *marche* chrétienne contre les païens de l'Est (Slaves,
puis Turcs), l'Œsterreich (Marche de l'Est) s'est agrandie par des
conquêtes et surtout par des *mariages dynastiques*. — *1526.*
Union de l'*Autriche*, de la *Bohême* et de la *Hongrie*, sous la
dynastie des Habsbourg ; — *XVIIᵉ siècle*. Annexion de la
Transylvanie. — *XVIIIᵉ siècle*. Annexion de la *Galicie-Podolie-
Bukovine* ; — *1805.* Constitution par Napoléon Iᵉʳ de l'Empire
d'Autriche ; — *1815.* Annexion de la *Dalmatie* ; — *1867.* Création
du *dualisme*, par la constitution de l'Empire d'Autriche-Hongrie ; —
1876. L'administration de la *Bosnie-Herzégovine* est confiée à
l'Empire. — *1908.* L'Empire *annexe* la Bosnie-Herzégovine.

**101. La population de l'Autriche-Hongrie est
assez dense et très inégalement répartie.** — L'Autriche-Hongrie a 50 millions d'hab., soit une densité moyenne de
73 *habitants au kilomètre carré*, inférieure à celle du Royaume-
Uni, de l'Italie, de l'Allemagne, et même de la France. Mais
cette population s'accroît rapidement, malgré une *émigration*
assez forte vers l'Amérique.

Elle est très inégalement répartie. Elle est très dense dans
les *régions industrielles* (Bohême, Autriche); assez dense dans
les *régions agricoles riches* (Galicie, Hongrie) et sur la *côte* ;
rare dans les *régions montagneuses* (Alpes, Karpates) et sur
le *Karst*.

**102. Cette population est profondément divisée
en un grand nombre de races.** — L'Autriche-Hongrie
comprend des représentants de presque toutes les races de
l'Europe.

1° Les **Allemands** ne représentent pas un quart de la population. Ils sont groupés au Nord-Ouest (Autriche, Nord des
Alpes, pourtour de la Bohême), outre quelques colonies en

Hongrie. Ils sont *prépondérants* au point de vue *politique* et *intellectuel*.

2° Les **Hongrois** ou **Magyars** ne représentent pas un cinquième de la population. Mais, *condensés* dans la plaine hongroise et sur les Karpates voisines, *unis* par la situation géographique et par les intérêts économiques, autant que par le passé historique et la race, ils ont su faire prévaloir leurs droits politiques.

3° Les **Slaves** représentent près de la moitié de la population. Mais ils sont séparés par la géographie en deux groupes, **Slaves du Nord** et **Slaves du Sud**, et, par la langue et la religion, en nombreux sous-groupes ou **nationalités**, opposés de tendances : *Tchèques* (Bohême), *Slovaques* (Haute Hongrie), *Polonais* (Galicie), *Ruthènes* (Galicie, Bukovine et Karpates), au Nord; *Croates* et *Serbes* (Karst), *Slovènes* (Carniole), au Sud.

4° Les **Roumains** forment un peu plus du vingtième de la population. Ils sont groupés dans les Karpates et la Transylvanie; portés par la situation géographique, les intérêts économiques et les affinités de race, vers les Roumains de Roumanie.

5° Les **Italiens**, beaucoup moins nombreux, sont groupés en Istrie et au Sud des Alpes; ils sont revendiqués par les Italiens *irrédentistes*.

6° Les **Juifs**, très nombreux, sont répandus partout, mais surtout dans les grandes villes et à l'Est, dans les Karpates.

Très divisée également au point de vue religieux, elle comprend :

1° Des *catholiques*, en majorité (75 pour 100);

2° Des *protestants* (9 pour 100);

3° Des *orthodoxes* (2 pour 100);

4° Des *juifs* (4 pour 100);

5° Quelques *musulmans*.

103. Malgré sa constitution centralisée, l'Autriche-Hongrie est divisée en nationalités, qui réclament, sinon leur indépendance, du moins leur autonomie. — Depuis 1867, l'Empire austro-hongrois est gouverné, sous la souveraineté d'un seul *Empereur*, par un gouvernement double :

1° Le *gouvernement autrichien*, qui administre l'Autriche

ou **Cisleithanie** (14 provinces) et qui a son siège à *Vienne*. Il comprend un *Ministère*, une *Chambre des seigneurs*, héréditaires, une *Chambre des Représentants*, élus;

2° Le *gouvernement hongrois*, qui administre la Hongrie ou **Transleithanie** (3 provinces) et qui a son siège à *Buda-Pest*. Il comprend un *Ministère*, une *Table des Magnats*, héréditaires, et une *Table des Représentants*, élus.

L'union entre les deux gouvernements est perpétuelle et scellée, non seulement par l'Empereur, mais par trois **ministères communs** : *Affaires étrangères*, *Armée et Marine*, *Finances*.

De cette forme de gouvernement sont seules satisfaites les deux nationalités qui ont pour elles la cohésion plus encore que le nombre : l'*Autriche* et la *Hongrie*. Mais les autres nationalités réclament ardemment l'autonomie administrative et une constitution fédérale, non administrative.

Ces revendications entre les *nationalités* de l'Empire sont d'autant plus âpres qu'elles sont encouragées par les *nations* voisines, qui réclament, avec plus ou moins d'ardeur, l'annexion des territoires occupés par leurs congénères :

1° Les **Italiens**, au nom de l'*Italia irredenta*, réclamant l'Istrie et le Sud des Alpes;

2° Les **Roumains**, la Transylvanie;

3° Les **panslavistes** réclament les pays slaves du Nord et du Sud;

4° Les **pangermanistes**, les pays allemands.

Ainsi les nationalités mécontentes peuvent trouver un appui au dehors pour lutter contre le dualisme tout puissant, et peut-être pour s'en séparer. L'Empire austro-hongrois dualiste est donc menacé de ce double danger : soit le *fédéralisme*, soit le *séparatisme*.

De là un malaise permanent qui entrave le développement économique.

III. — LA VIE ÉCONOMIQUE DE L'AUTRICHE-HONGRIE

Le développement économique de l'Autriche-Hongrie est relativement récent et encore troublé par l'opposition des intérêts entre les diverses régions de l'Empire.

104. Les voies de communication doivent en partie leur développement à la situation de l'Autriche-Hongrie dans l'Europe centrale. — L'Autriche-Hongrie a le grand avantage d'être, par sa situation, l'intermédiaire naturel entre Europe occidentale et Europe orientale, entre Europe septentrionale et Europe méditerranéenne.

Le *Danube* est la grande voie navigable de l'Autriche-Hongrie, avec le cours inférieur de ses grands affluents, *Drave*, *Save*, *Tisza*. Les **canaux** sont relativement peu nombreux. Un **grand projet**, dont l'exécution n'est pas même commencée, prévoit la jonction, par des canaux, des fleuves allemands et du Danube : il créerait une voie navigable continue entre la Mer du Nord et la Méditerranée orientale.

Les *voies ferrées* sont très développées : 41 200 kilomètres Le développement en a été activé par le **transit international**, qui se fait par les nombreuses *lignes transcontinentales*, dont le nœud est *Vienne* (V. 63 et 194). Par Vienne, Paris communique avec Constantinople, Berlin avec Trieste.

105. L'agriculture est de développement récent et relativement localisée. — Énormément développée depuis cinquante ans, l'agriculture utilise aujourd'hui tous les terrains que la nature du sol et le climat lui permettent. Elle s'est considérablement perfectionnée (*sociétés d'études agricoles, syndicats* d'agriculteurs, emploi des *engrais chimiques* et des *machines*), notamment en Hongrie et en Bohême.

Outre quelques produits secondaires, mais précieux et d'une exportation fructueuse (*vins* de Hongrie), elle comprend quatre produits essentiels :

1° Les **céréales**, et spécialement le *blé*, dont la culture se localise dans les provinces extérieures et surtout en *Hongrie* ;

2° Les **cultures industrielles** (*betterave, lin, houblon*), localisées dans les *régions du Nord-Ouest*, où elles sont à la fois cause et effet des industries ;

3° Les produits de l'élevage, soit *bêtes à cornes*, dans les montagnes, soit surtout *chevaux et moutons de Hongrie*;

4° Les forêts de toutes les *régions montagneuses* (pourtour de la Bohême, Alpes et Karpates).

Parmi ces produits, certains, comme le blé, les chevaux et

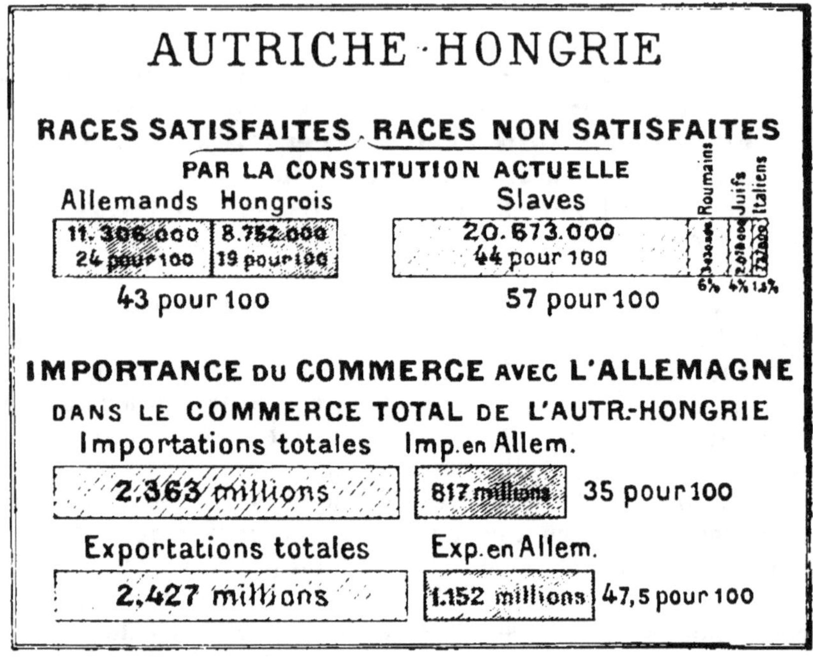

Fig. 14. — Autriche-Hongrie : population et production

les moutons, c'est-à-dire les *produits hongrois*, dépassent en quantité la capacité de consommation du pays.

106. L'industrie a les deux mêmes caractères. — Développée depuis vingt-cinq ans, l'industrie austro-hongroise est devenue une des premières de l'Europe dans les régions à houille et à matières premières (minerais ou cultures). Elle souffre de l'*insuffisance des débouchés vers la mer*.

Les principales industries sont :

1° L'industrie métallurgique, localisée en Bohême, en Styrie et en Autriche;

2° L'**industrie textile** (*toiles, cotonnades*), localisée en Bohême ;

3° Les **industries alimentaires** (sucre, bière, etc.), localisées en Bohême et en Autriche ;

4° L'**industrie de la verrerie**, localisée en Bohême ;

5° Les **industries extractives** : *houille* de Bohême, *minerais* des Alpes et des Karpates, *pétrole* des Karpates.

Sauf ce dernier, presque tous ces produits industriels sont des *produits autrichiens* (Autriche, Bohême), et leur quantité dépasse la capacité de consommation du pays.

107. Le commerce extérieur est relativement faible et crée un nouvel élément de conflit entre Autriche et Hongrie. — Le commerce extérieur de l'Autriche-Hongrie s'élève à environ 4800 millions de francs. Les importations et les exportations se valent. Celles qui se font par Trieste augmentent rapidement.

Les **importations** portent surtout sur la *houille* et les *matières premières*, à destination de l'Autriche, sur les *produits alimentaires*, vin, café, tabac, à destination de tout l'Empire.

Les **exportations** portent surtout sur les *produits alimentaires*, qui viennent de Hongrie et vont surtout en Allemagne, et sur les *produits manufacturés*, tissus, machines, etc., qui viennent d'Autriche et vont surtout dans les pays peu avancés de l'Est, Russie, Turquie, États balkaniques.

Par l'effet de ce *dualisme économique*, trop accentué, l'Empire :

1° **Hésite entre deux régimes économiques** : le *protectionnisme*, nécessaire à l'Autriche pour protéger son industrie contre la grande industrie allemande, et le *libre-échange*, nécessaire à la Hongrie pour exporter ses produits alimentaires dans les pays industriels ;

2° **Hésite entre deux courants commerciaux** : celui qui attire la Hongrie *vers l'Allemagne* et *les pays industriels de l'Ouest*, et celui qui attire l'Autriche, par le Danube, *vers les pays agricoles de l'Orient*.

Les Allemands et les Hongrois ont pu conclure un accord politique aux dépens des autres nationalités de l'Empire. Entre eux, le conflit économique subsiste et accroît les dangers qu'offre un régime unitaire appliqué à des régions géographiquement si différentes.

L'ITALIE

I. — LES RÉGIONS NATURELLES DE L'ITALIE.

L'Italie, très allongée dans le sens de la latitude, comprend trois régions naturelles : l'Italie continentale (plaine du Pô), l'Italie péninsulaire (Apennin), l'Italie insulaire (Sicile-Sardaigne).

Si l'on excepte la Sardaigne, reste d'un ancien continent effondré, l'*histoire géologique* de l'Italie se subdivise en *cinq actes*, relativement récents : 1º formation des Alpes, par des plissements de l'ère tertiaire ; 2º formation postérieure de l'Apennin, dont les plissements se raccordent au Sud avec ceux de l'*Atlas*, et enserrent, au Nord, avec les Alpes, un grand *golfe* sur l'emplacement de la plaine du Pô : 3º comblement du golfe et formation de la plaine du Pô, par surrection du sol et apport d'alluvions des Alpes et de l'Apennin ; 4º effondrements au Sud de l'Apennin, isolant la *péninsule*, la *Sicile* et l'*Atlas*, et produisant sur le versant occidental et en Sicile une série de *bassins* effondrés ; 5º éruptions volcaniques sur le bord des cassures, donnant lieu au comblement des bassins ou plaines par des *alluvions volcaniques* fertiles.

108. L'Italie n'a pas d'unité physique. — D'une superficie de 286 000 kmq. (la moitié de la France), l'Italie est longue de 1150 kilomètres et large au plus de 500 kilomètres (au Nord), au moins de 150 kilomètres (au Sud). Très allongée en latitude, elle manque d'homogénéité physique et de *centre*.

109. La plaine du Pô doit à ce fleuve son sol et sa fertilité. C'est la région la plus riche et la plus peuplée de l'Italie. — La plaine du Pô est encadrée, au Nord et à l'Ouest, par les Alpes, qui la surplombent de leur versant abrupt (*Viso, Grand Paradis, Mont Rose, Bernina, Adamello, Alpes du Tyrol*), au Sud, par l'Apennin, moins haute, mais de relief plus âpre encore. Elle est uniformément plate et constituée par des alluvions apportées des massifs·

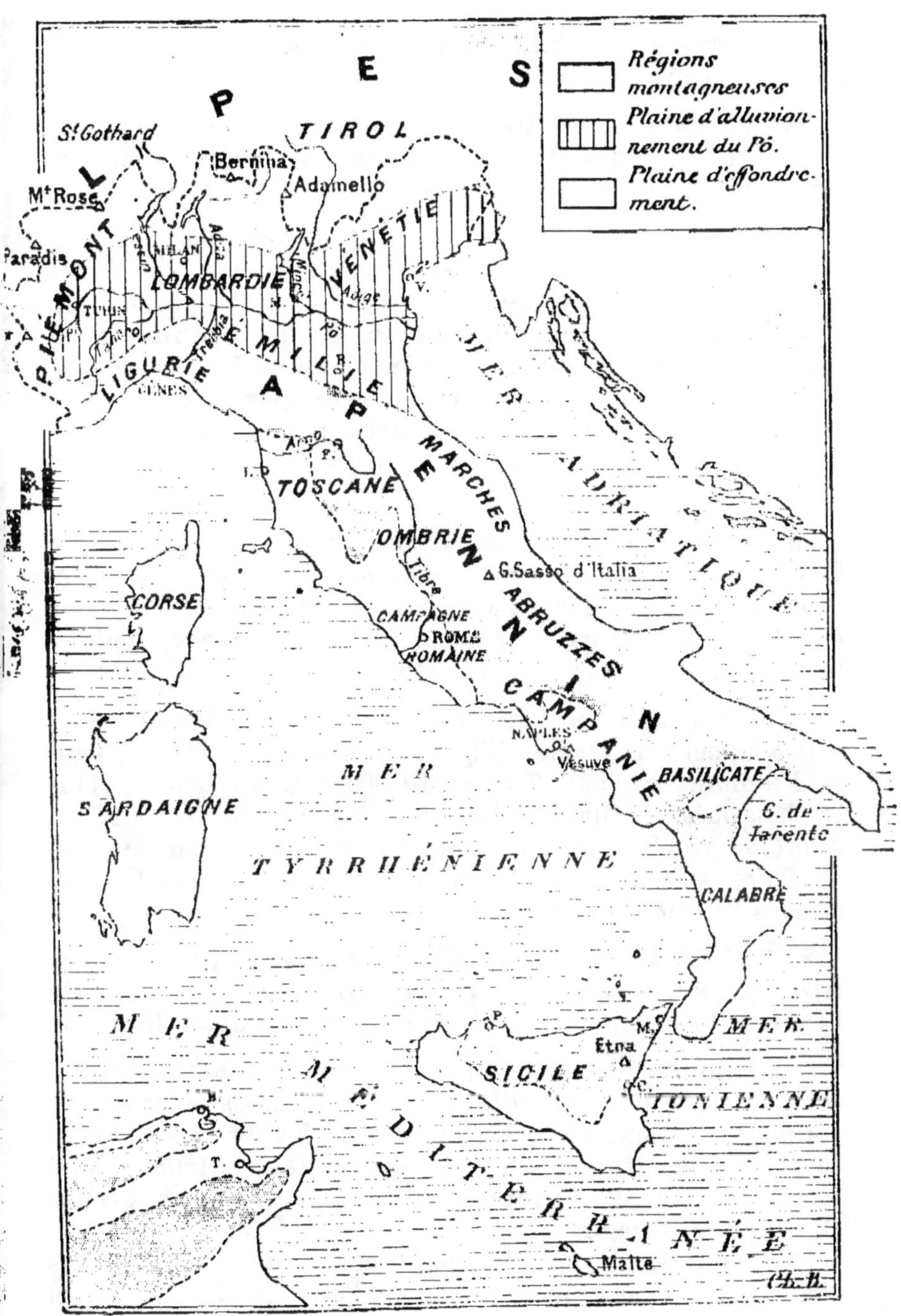

Fig. 15. — Italie.

Elle se termine sur l'*Adriatique* par une côte alluviale et plate.

Son *climat* est relativement *continental* : étés chauds, hivers froids, pluies d'automne (pluies méditerranéennes) et d'été (pluies continentales d'orage).

Le *Pô* la traverse d'Ouest en Est. Il est abondant et régulier, grâce aux crues successives de ses **affluents des Alpes** (crues de printemps et d'été causées par la fonte des neiges), *Tessin*, *Adda*, *Mincio*, et de ses **affluents de l'Apennin** (crues d'automne et d'hiver, causées par les pluies méditerranéennes), *Tanaro*, *Trebbia*. Les premiers, assagis par des *lacs* à la sortie des Alpes, sont moins capricieux que les seconds. Autre fleuve : l'**Adige**, fleuve alpestre. Les deux fleuves forment un grand **delta**.

La *végétation* n'est *méditerranéenne* qu'au pied des Alpes. Dans la plaine, c'est une **végétation de zone tempérée**. Grâce au sol d'alluvions et à l'*irrigation* (canaux de dérivation du Pô), l'**agriculture** y est très florissante : *vigne*, *céréales* (blé, maïs, riz), *mûrier* (vers à soie).

La *population* vit d'agriculture et d'*industries agricoles* (pâtes alimentaires, soie). Elle est très dense, à l'Ouest, dans le *Piémont*, capitale **Turin** (336 000 h.); au Centre, dans le *Milanais*, capitale **Milan** (491 000 h.), v. p. : *Côme*, *Mantoue*; à l'Est, dans la **Vénétie**, constituée par le delta du Pô et de l'Adige, malsaine, mais fertile, capitale **Venise**, et dans l'*Émilie*, capitale *Bologne*.

110. L'Italie péninsulaire, constituée par l'Apennin, a ses régions vitales dans les plaines de l'Ouest. — L'Italie péninsulaire comprend deux parties :

1° La *montagne* ou *Apennin*, longue chaîne quaternaire, peu élevée (*Gran Sasso d'Italia*, 2921 m.), mais de relief très âpre, a un **climat méditerranéen**, de plus en plus chaud et de plus en plus sec vers le Sud. Les rivières (*Arno*, *Tibre*) sont des torrents. La **végétation** est *méditerranéenne* : maquis et maigres pâturages.

La **population** y est clairsemée et se compose de petites *communautés pastorales*, vivant de l'élevage des *chèvres* et *des moutons* (transhumance). Telle est la vie des *Marches* (côte orientale), de l'*Ombrie*, des *Abruzzes*, des *Montagnes Ro-maines*, de la *Calabre*.

Seule, au Nord, la **Ligurie** doit à sa côte découpée et à sa situation, au débouché des routes alpines, sa population de marins et de commerçants et son grand port: **Gênes** (235 000 h.), le neuvième du monde.

2° Les *plaines et plateaux*, résultats d'effondrements postérieurs, sont situés sur la côte occidentale et méridionale. Entourées de volcans éteints (sauf un : le Vésuve), constituées par des alluvions volcaniques, ces dépressions sont chaudes et fertiles (céréales, oliviers, vigne, fruits), mais mal drainées et malsaines.

Deux d'entre elles sont presque dépeuplées et peu exploitées : ce sont la *Campagne Romaine*, malgré l'existence de **Rome** (507 000 h.) et la *Basilicate* (golfe de Tarente).

Deux autres sont activement exploitées et très peuplées : le **plateau toscan**, avec **Florence** (206 000 h.) et *Livourne* ; et la **Campanie**, dominée par le *Vésuve*, avec **Naples** (564 000 h.).

111. La Sicile est le type du pays méditerranéen riche : la Sardaigne, le type du pays méditerranéen pauvre. — 1° La *Sicile* est constituée par une masse montagneuse, dominée par le grand volcan de l'*Etna* (3313 m.), entourée de plaines d'effondrement couvertes d'alluvions fertiles.

Son climat, très doux, en fait le pays d'élection des *produits méditerranéens* et *subtropicaux* : céréales, vigne, coton, canne à sucre, orangers, dattiers, bananiers. De plus sa côte très découpée y permet la *vie maritime* (pêche).

La population, d'agriculteurs et de marins, est très dense. Trois grandes villes : **Palerme** (311 000 h.), *Messine* et *Catane*.

2° La *Sardaigne*, contiguë et analogue à la Corse, constituée surtout par des roches cristallines, forme un haut massif aride, à la *végétation méditerranéenne* aux basses altitudes, *alpestre* aux hautes altitudes, maquis et maigres pâtures. Il est bordé de plaines côtières étroites, mal drainées et malsaines.

La population, rare, se compose de *pasteurs* montagnards (chèvres) et de *pêcheurs*.

II. — LA VIE ÉCONOMIQUE DE L'ITALIE.

L'Italie est uniquement un pays d'agriculture et d'industries agricoles. Elle n'est pas encore un grand État commerçant.

****

L'agriculture italienne souffre de l'état de la **propriété**. Partout, et surtout dans le Sud, la terre appartient à de *grands propriétaires*, qui exploitent indirectement, par *fermage*, les seules parties naturellement fertiles, en utilisant, aux périodes nécessaires, des *salariés* descendus des montagnes. D'où des cultures extensives et peu soignées. Seule, la *région riveraine du Pô* fait exception.

112. L'Italie est un pays agricole. — Malgré l'étendue du sol improductif (les deux cinquièmes environ), l'Italie, grâce à son climat et à ses plaines alluviales, est un grand pays agricole.

Ses principaux produits sont :

1º Les **céréales** : *maïs, blé, riz* ;

2º La **vigne** : l'Italie est le premier producteur de vins du monde après la France (vins de *Chianti, Asti, Marsala, Syracuse*) ;

3º Les **fruits méditerranéens** : *olives, oranges, citrons*, etc. ;

4º Les **cultures industrielles** : *mûrier* ; l'Italie est le premier pays d'Europe pour la production de la soie grège, le troisième du monde ;

5º Les **produits de l'élevage** : *bêtes à cornes* et *chevaux* de la plaine du Pô ; *moutons* transhumants de l'Apennin.

113. L'Italie n'a que deux industries prospères : l'industrie textile (soie) et l'industrie des pâtes alimentaires. — L'Italie n'a pas de richesse minière, sauf le *soufre* et le *marbre*. Elle souffre cruellement du manque de houille. Aussi les établissements industriels se sont-ils établis *près des Alpes*, pour utiliser la force motrice des torrents, ou *près de la mer*, pour importer plus facilement des matières premières.

Les deux grandes industries sont l'industrie des pâtes alimentaires (maïs, blé) et surtout l'industrie textile, du *coton* et surtout de la **soie**. *Milan* est le grand centre de la soierie.

Les *industries sucrière* et *métallurgique* sont en progrès.

114. L'Italie, spécialement agricole, entretient

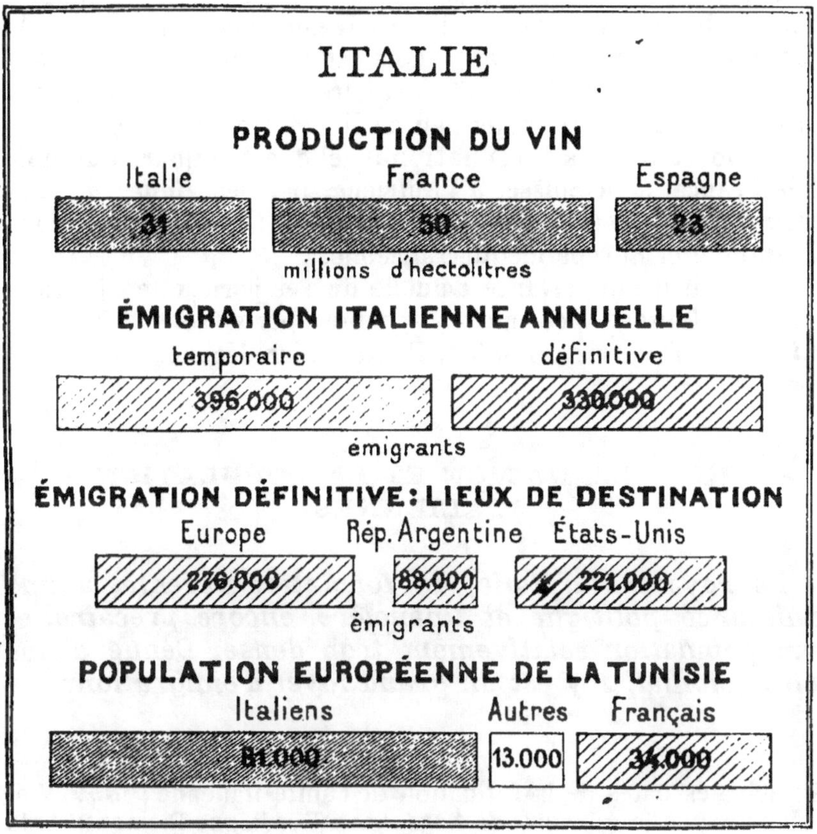

ITALIE

PRODUCTION DU VIN

Italie — 31 France — 50 Espagne — 23

millions d'hectolitres

ÉMIGRATION ITALIENNE ANNUELLE

temporaire — 396.000 définitive — 330.000

émigrants

ÉMIGRATION DÉFINITIVE : LIEUX DE DESTINATION

Europe — 276.000 Rép. Argentine — 88.000 États-Unis — 221.000

émigrants

POPULATION EUROPÉENNE DE LA TUNISIE

Italiens — 81.000 Autres — 13.000 Français — 34.000

Fig. 16. — Italie : population et production.

un commerce actif avec les grands États industriels. — L'Italie ne peut se suffire à elle-même.

Elle exporte : le surplus de ses *produits alimentaires :* vins, huile, pâtes, fruits ; de la *soie grège* ; des *tissus de soie et de coton.*

Elle importe : des *céréales,* des *matières premières* (coton, laine, fer), de la *houille* et des *produits manufacturés.*

Les relations commerciales se font surtout avec les grands

pays industriels d'Europe (*Royaume-Uni, France, Allemagne*), avec les *États-Unis* et la *Russie* (céréales).

115. Le commerce intérieur se fait par voies ferrées ; le commerce extérieur, par voies ferrées et surtout par mer. — L'Italie a fort peu de voies navigables hors de la plaine du Pô. De là le développement nécessaire de son **réseau ferré**, très serré dans cette plaine, plus lâche dans les régions péninsulaire et insulaire, où il comprend une grande *ligne côtière*, mais peu de lignes transversales.

Au point de vue international, elle est aujourd'hui unie à la France, à la Suisse, à l'Autriche, par les *lignes alpines* (voir 63). Elle est le débouché naturel du transit entre Europe atlantique et Europe méditerranéenne.

De là vient l'importance actuelle de ses ports, et en particulier de **Gênes**. Les autres grands ports sont : **Naples**, *Livourne, Palerme, Messine, Venise*, bien déchue.

III. — LA NATION ET LA POPULATION ITALIENNES.

Le royaume d'Italie, de formation récente, a une puissance politique et financière encore précaire, et une population relativement trop dense. Dénué d'empire colonial, il y est un grand foyer d'émigration.

Principales dates de la formation de l'unité italienne : *1859*. Annexion par le *royaume de Sardaigne* (Sardaigne-Piémont) de la *Lombardie*; — *1859-1862*. Annexion de la plus grande partie de l'*Italie péninsulaire* et de la *Sicile*; — *1867*. Annexion de la *Vénétie*; — *1870*. Annexion des *États Pontificaux*; constitution définitive du **Royaume d'Italie**, capitale **Rome**.

116. La prospérité financière du royaume d'Italie fut longtemps chancelante ; elle est encore précaire. — Le royaume d'Italie forme une monarchie constitutionnelle, gouvernée par un *roi*, assisté d'un *ministère*, un *Sénat* nommé et une *Chambre des députés* élue.

Définitivement constitué en 1870, le royaume d'Italie est

devenu une des six *grandes puissances européennes*. Mais sa prospérité financière fut longtemps compromise :

1º Par des *dépenses militaires* exagérées ;

2º Par des *entreprises coloniales* coûteuses, qui ont avorté ;

3º Par une *lutte économique* avec la France.

Depuis quelques années, ces causes de détresse financières se sont atténuées ou dissipées. Mais l'Italie est encore dans une situation financière délicate, qui tient à sa **faible production industrielle**.

117. La population de l'Italie, à la fois agricole et urbaine, est très dense. — La population de l'Italie est très dense et s'accroît rapidement : 34 millions d'habitants, soit 117 au kilomètre carré. Elle est surtout agglomérée dans les *plaines du Pô*, de la *Toscane*, de la *Campanie* et de *Sicile*.

Malgré son union récente, cette population est homogène :

1º Par la **langue** ;

2º Par la **tradition romaine** ;

3º Surtout par la **vie agricole**. La plus grande partie des habitants vivent d'agriculture, mais sont concentrés dans des villes, d'où ils cultivent des terre de banlieue leur appartenant ou d'où ils partent se louer pour les périodes de travaux des champs. *L'Italie est le seul pays agricole où la population urbaine l'emporte sur la population rurale.*

118. Une partie de cette population est condamnée à l'émigration. — L'Italie possède seulement l'*Erythrée* et la *côte des Somalis*, au Nord-Est de l'Afrique, pays désertiques, qui ne peuvent être des colonies de peuplement.

Elle ne peut nourrir toute sa population. De là une **émigration** très forte et de deux espèces :

1º Émigration saisonnière ou périodique, se portant vers les pays voisins : *France, Allemagne, Autriche-Hongrie, Suisse* ; venant surtout des plaines riches, mais surpeuplées, du Nord : *Vénétie, Piémont, Toscane, Lombardie* ; composée surtout d'*ouvriers agricoles* et de *maneuvres* ;

2º Émigration prolongée ou définitive, se portant surtout vers l'Amérique : *États-Unis, République Argentine, Brésil* (pays neufs et agricoles) et vers nos colonies d'*Algérie* et de *Tunisie* ; venant surtout de l'*Italie péninsulaire* et *insulaire* ; se composant surtout d'*ouvriers agricoles*.

L'EMPIRE RUSSE

I. — LE DOMAINE DE L'EMPIRE RUSSE

*Le domaine de l'Empire russe est immense, uni-
forme, compact et peu peuplé.*

Superficie de l'*Empire russe* : 22 576 000 kmq. ; de l'*Empire britannique* : 29 000 000 kmq. — Population de l'*Empire russe* : 154 millions
d'h. ; de l'*Empire britannique* : 397 millions d'h. — **Parties du**
monde qui comprennent des *possessions russes* : Europe, Asie ;
des *possessions anglaises* : Europe, Asie, Afrique, Amérique,
Océanie. — L'Empire britannique est donc, non seulement un
peu plus étendu, mais beaucoup plus peuplé et plus *mondial* que
l'Empire russe.

**119. Le domaine de l'Empire russe est très
étendu, très uniforme et très compact.** — L'Empire
russe couvre **23 millions de kilomètres carrés** d'une seule
tenue (42 fois la France), de la Baltique au Pacifique, occupant
l'Est de l'Europe, le Nord et une partie du Centre de l'Asie.

Très uniforme, il n'a de montagnes (hors le bombement peu
accentué de l'*Oural*) que sur le pourtour : *Monts du Caucase,*
du *Turkestan* et de la *Sibérie Orientale.* Il est essentiellement
constitué par l'immense *plaine russo-sibérienne.*

Très compact, il a des côtes peu découpées et baignées soit
par des *mers fermées* (Baltique, mer Blanche, mer Noire), soit
par des *mers intérieures* (Caspienne, mer d'Aral, lacs Balkhach
et Baïkal), soit par de *grands océans* qui sont encombrés par
les glaces plusieurs mois de l'année (océan Glacial, Pacifique
Nord). La distance entre la Baltique et le Pacifique dépasse
8000 km.

120. L'Empire russe est très peu peuplé. — L'Empire russe n'a que 154 millions d'habitants, soit 6 *habitants
par kilomètre carré,* moins que les États-Unis.

La Russie d'Europe à elle seule en a 127 millions, soit 22 au kilomètre carré.

Les possessions asiatiques n'ont pas 2 habitants au kilomètre carré, moitié moins que les États neufs de l'Amérique du Sud.

121. L'Empire russe a encore une constitution autocratique. — Cet immense Empire est soumis à l'autorité absolue d'un seul homme, le **tsar**, qui gouverne de la même façon provinces européennes et asiatiques, source unique de tout pouvoir *législatif, administratif* et *judiciaire*.

Mais, avec les progrès (d'ailleurs lents) du développement intellectuel et économique, l'Empire russe aspire à la vie moderne et revendique une constitution libérale.

II. — LA RUSSIE D'EUROPE

La Russie est immense, uniforme et compacte. Malgré les richesses de son sous-sol, sa population, peu dense et arriérée, est surtout agricole. C'est encore un « pays neuf ».

*****
*** ***

Dans son immense étendue, la Russie a participé à tous les événements de l'*histoire géologique* de l'Europe. 1° Les plissements huroniens (ère primaire), usés dans la suite par les *glaciers*, y ont déterminé la *pénéplaine lacustre* de la Finlande. — 2° Les plissements hercyniens y ont déterminé l'*Oural*. — 3° Les sédiments secondaires et tertiaires se sont déposés dans la région centrale et méridionale. — 4° Les plissements alpins (ère tertiaire) y ont déterminé les monts de bordure (*Crimée, Caucase*). — 5° Les dépôts superficiels quaternaires l'ont recouverte en grande partie : *dépôts glaciaires* au Nord ; *limons* et *tchernozlom* au Centre.

122. La Russie d'Europe est la région de l'Europe la plus étendue, la plus uniforme et la plus compacte. — La Russie d'Europe occupe à elle seule plus de la moitié du continent européen.

Hors les massifs extérieurs de *Crimée*, du *Caucase* et de l'*Oural*, elle forme une grande plaine. tout à fait horizontale

OCÉAN GLAC
ZONE
ZONE D
FINLANDE
M. BALTIQUE
S. PETERSBOURG
Plateau de Valdaï
Moscou
Dvina
Petchora
Ob
Oural
Volga
Oural
ZONE DE LA TERRE NOIRE
STE
STEPPES DÉSERTIQUES
M. NOIRE
Steppes du Caucase
GÉORGIE
Plateau d'Arménie
M. CASPIENNE
Oust Ourt
M. d'Aral
Syr Daria
L. Balkach
TOURAN
KHIVA
Zaravchan
FERGHANA
Amou Daria
BOKHARA
Thian
Pamir
IRAN
Hindou-Kouch

Fig. 17. — En

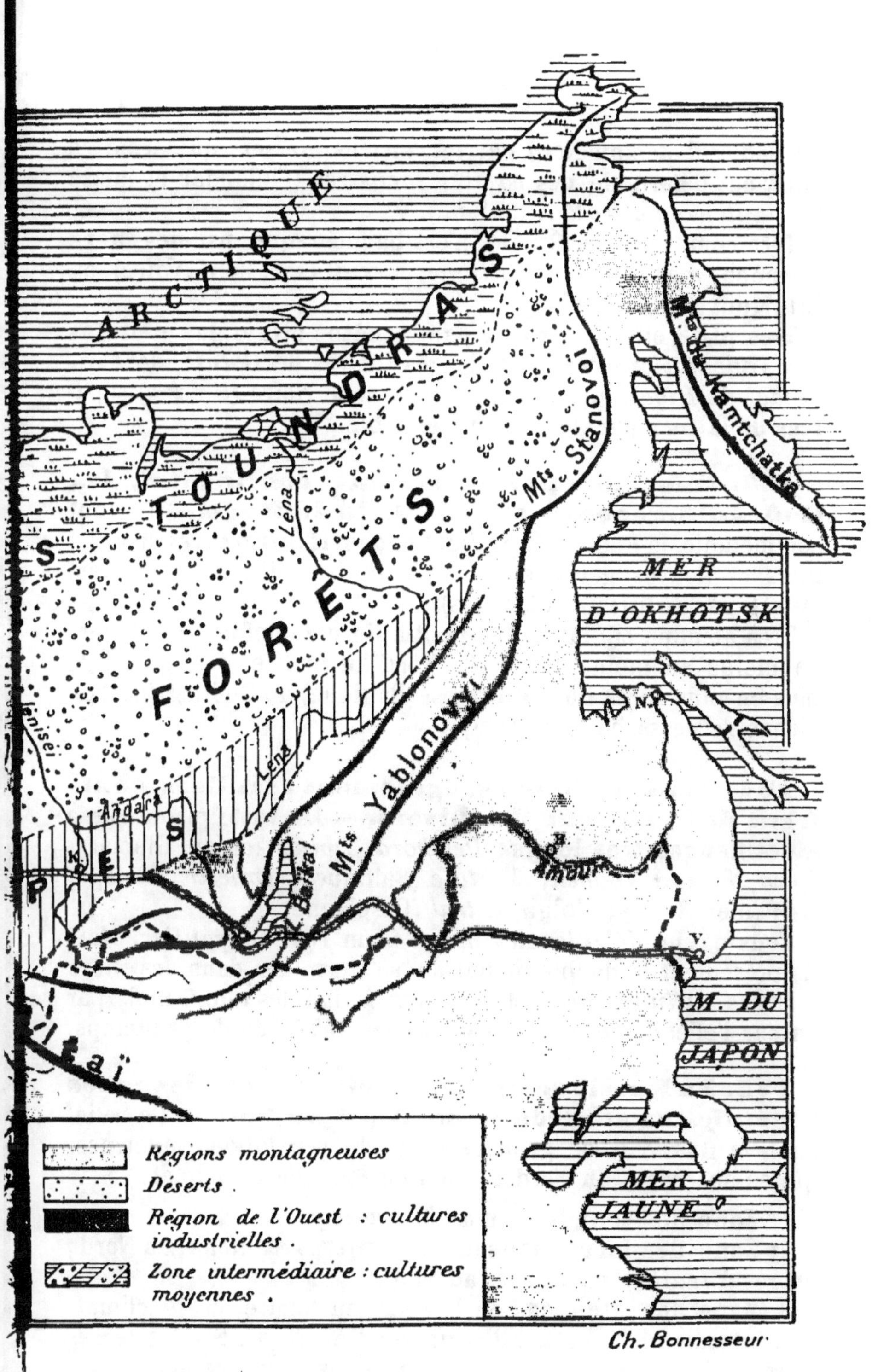

e : Europe et Asie.

au Sud, rabotée au Nord par les anciens glaciers quaternaires qui y ont déterminé des *cavités lacustres* (Finlande) et laissé les *hauteurs de Valdaï* (351 m.).

Très compacte, la Russie n'est baignée que par des **mers fermées** (*mer Blanche, Baltique, mer d'Azov, mer Noire*) ou **intérieures** (*Caspienne*).

Très plate, elle s'y termine par des **côtes alluviales** et plates aux *indentations* rares et larges (*golfes* de *Botnie*, de *Finlande*, de *Riga*), aux *lagunes* de la mer Noire (*limans*) séparées de la mer par des flèches de sable.

123. Dans le climat, partout continental, les seules différences viennent de la latitude. — Partout continentale, la Russie a un climat **excessif** (*hivers très froids* : mers et fleuves gelés ; *étés très chauds* : débâcles violentes) et très **sec** (*pluies d'été*, rares).

Très étendue en **latitude**, la Russie a toutefois des hivers de moins en moins froids du Nord au Sud, et des pluies de plus en plus rares du Nord-Ouest (Baltique) au Sud-Est (la Caspienne se dessèche lentement).

124. Tous les fleuves, également réguliers, souffrent de la rigueur des hivers. — La vaste plaine russe a des fleuves très longs : *Petchora, Dvina* (océan Glacial) ; *Neva, Duna, Niemen, Vistule* (Baltique) ; *Dniestr, Dniepr, Don* (mer Noire) ; **Volga**, *Oural* (Caspienne).

Tous ont un *débit lent et modéré*, un *régime régulier*. Mais ils présentent le double défaut de se terminer dans des *mers fermées* ou *intérieures*, et de n'être navigables que 6 mois par an par l'effet des **glaces** d'hiver et des **débâcles** de printemps.

125. La Russie comprend quelques grandes zones végétales se succédant du Nord au Sud. — De relief égal, la Russie a de grandes zones de végétation uniformes, qui se succèdent du Nord au Sud en fonction du climat :

1° **Zone des toundras**, marais glacés ;

2° **Zone des forêts**, immense : *conifères résineux*, au Nord ; arbres *à feuilles caduques*, au Sud ;

3° **Zone des steppes**, où le sol, peu tenace, et le climat, sec, interdisent la forêt. Elle comprend du N. au S. : les *terres noires* (*Tchernoziom*), fertiles, propres aux céréales ; les *steppes proprement dites*, de climat plus sec, propres au pastorat ; les *steppes désertiques* (région de la Caspienne).

Les **cultures riches et industrielles** (betterave, lin) ne sont possibles que dans l'*Extrême-Ouest* (Pologne et provinces baltiques), de sol riche et de climat doux et assez humide.

126. La Russie a de nombreuses sources minérales. — Même sans tenir compte de la Caucasie (V. 134), la Russie a d'abondantes **ressources minérales** : *houille, fer, cuivre, pétrole*, outre les *mines d'or de l'Oural*

Les principaux **centres miniers** de la Russie sont l'*Oural*, la *région de la mer Noire*, la *région de Toula* (S. de Moscou) et la *Pologne*.

127. La population de la Russie est très nombreuse absolument, très faible relativement. — La Russie a 127 millions d'habitants, 22 au kilomètre carré.

Cette population *s'accroît rapidement*, grâce à une natalité prodigieuse.

L'émigration, depuis quelques années, est assez forte. Elle porte surtout sur les *Finlandais*, les *Polonais*, les *Lithuaniens* et les *Petits Russes* de l'Ouest, qui se rendent aux États-Unis et dans l'Amérique du Sud.

128. Cette population est assez composite. — Les Russes constituent à eux seuls les *trois quarts* de la population totale, et les *sept huitièmes* des Slaves. Mais :

1° Eux-mêmes se divisent en *Grands Russiens, Petits Russiens* et *Blancs Russiens* ;

2° A côté d'eux la Russie comprend : d'autres **Slaves**, *Polonais, Lithuaniens* ; des **Germains** (Provinces Baltiques) ; des **Scandinaves**, les *Finlandais* ; des **Jaunes**, *Finnois* au Nord-Ouest, *Turco-Mongols* au Sud-Est ; des **Roumains**, des **Juifs**.

129. Cette population est très inégalement répartie en cinq régions différentes. — Par la densité de la population, par le genre de vie et par la forme de groupement (villes), la Russie se divise en cinq régions :

1° Les *toundras* sont peu peuplées, de Finnois *nomades* vivant de la *pêche* et de l'*élevage du renne*.

2° Les *forêts*, à peine plus peuplées, seulement défrichees vers le Sud et dans les régions minières (Oural), ont pour prin-

cipale ressource la *coupe du bois*. Les seules villes, avec *Arkhangelsk*, sur la mer Blanche, sont au Sud, à la limite de la forêt, *marchés* d'échanges avec la steppe agricole : **Moscou** (1 093 000 h.), ville sainte et antique capitale ; *Vitebsk, Smolensk, Toula* mines et industrie), *Nijnii-Novogorod* (grandes foires), *Kazan, Perm.*

3° La *terre noire*, région des céréales (blé, orge, seigle), a une population beaucoup plus dense de *cultivateurs* (*moujiks*), propriétaires ou fermiers, groupés en villages ou *mirs*. Les villes, centres d'industrie ou marchés, sont : **Odessa** (450 000 h.), le grand port de la mer Noire ; **Kiev**, ville sainte ; *Saratov, Kharkov, Kichinev, Rostov, Sébastopol.*

4° Les *steppes*, steppes proprement dites ou déserts, sont surtout peuplées de *pasteurs nomades. Astrakhan* est un centre de pêcheries.

5° La *région de la Baltique*, **Provinces Baltiques, Finlande**, est la région essentielle de la Russie, grâce à ses *mines*, à ses *cultures riches* (*limons* de Pologne : betterave, etc.), à ses *industries* et surtout à ses **rapports avec l'Europe occidentale** par la Baltique. C'est de beaucoup la plus peuplée.

Les principales villes sont : **Varsovie** (772 000 h.) et **Lodz**, en Pologne ; **Riga**, dans les Provinces Baltiques ; *Helsingfors*, en Finlande ; et surtout *Saint-Pétersbourg* (1 439 000 h.), la capitale de la Russie moderne.

130. La Russie a peu de routes, mais beaucoup de voies navigables et de voies ferrées. — Dans un pays aussi étendu et de ressources aussi strictement localisées, les voies de communication ont une importance primordiale.

Les routes de terre sont très mal entretenues.

Les voies navigables sont nombreuses : tous les *cours d'eau*, navigables sans l'œuvre de l'homme, sont suffisamment reliés par quelques *canaux*. Les plus importants joignent la *Neva* à la *Volga*) ; seul, le climat leur est défavorable.

Les voies ferrées, considérablement développées depuis 1885, atteignent plus de 56 000 kilomètres.

131. La Russie est surtout un pays agricole. — La Russie en est encore à la période où les hommes vivent seulement **des produits naturels du sol**, soit animaux (*pêche* ; *chasse*: animaux à fourrures ; *élevage*), soit végétaux (*forêts, cultures*).

**Les *forêts*, couvrant les deux cinquièmes de l'Empire,

appartiennent en grande partie au tsar, à la famille impériale ou à l'État. Les bois sont surtout transportés par *flottage*. L'exploitation est très rudimentaire.

L'*élevage* comprend l'élevage des **bêtes à cornes**, dans la région baltique, mais surtout l'**élevage** extensif **des steppes** : *chevaux* et *moutons*, pour lesquels la Russie est le premier pays d'Europe. Il est fait par des *populations nomades*.

L'*agriculture* est de beaucoup la ressource principale. L'étendue cultivée y est très grande, mais les rendements très faibles. Elle comprend :

1° Les **cultures alimentaires**, *blé, seigle, avoine*, qui, dans la région du tchernoziom et des forêts méridionales, se succèdent dans cet ordre, du Sud au Nord ;

2° Les **cultures industrielles**, *lin, chanvre, betterave, houblon, tabac*, qui, sauf les trois premières, sont concentrées en Pologne.

132. Malgré une industrie naissante, la Russie est loin d'utiliser toutes les ressources de son sous-sol. — Malgré ses ressources minières, la Russie n'a de grande industrie que depuis 1890.

Ces industries sont surtout l'industrie **métallurgique** (supérieure à celle de la France) ; les **industries textiles**, surtout l'industrie des *toiles de lin et de coton* ; les **industries alimentaires**, surtout l'*industrie sucrière* ; les **industries du bois**.

133. La Russie a le mouvement commercial caractéristique des pays neufs. — Malgré l'étendue de son territoire et la multiplicité de ses ressources (qu'elle n'exploite qu'en partie), la Russie ne peut se suffire à elle-même. Peu peuplée, elle ne peut, d'autre part, consommer tout ce qu'elle produit. Son mouvement commercial s'élève à 4 400 000 francs. ses *exportations* dépassent de beaucoup ses *importations*.

Elle exporte surtout des *matières premières* (lin, chanvre, bois, pétrole) et des *produits alimentaires* (céréales, moutons).

Elle importe surtout des *produits fabriqués*, des *matières premières* (houblon, coton, soie) et certains *produits alimentaires* (vin, thé).

Elle achète et vend surtout à l'*Allemagne* et à l'*Angleterre* ; elle achète beaucoup aux *États-Unis* ; elle vend beaucoup aux *Pays-Bas* (céréales) et à la *France*.

III. — L'ASIE RUSSE

L'Asie russe est une région immense, qui souffre d'un climat trop continental et du manque de population. Les ressources de son sous-sol ne sont, de ce fait, pas assez exploitées.

****

L'*histoire géologique* de la Russie d'Asie est analogue à celle de la Russie d'Europe. La Sibérie Orientale est un *plateau glaciaire* analogue à la Finlande ; les monts de l'Asie Centrale et de la Sibérie Orientale sont l'effet des plissements alpins ; les *steppes* du Turkestan sont de constitution analogue aux steppes de la Russie méridionale. Une **mer tertiaire** a jadis uni, sur l'emplacement de la Sibérie Occidentale, l'océan Arctique à la *mer d'Aral* et à la *mer Caspienne*. Après l'exhaussement du sol, ces deux dernières en sont demeurées les seuls restes, qui diminuent de jour en jour.

1° *La Caucasie.*

134. La Caucasie a une grande variété de structure et de ressources. — La Caucasie occupe l'isthme compris entre la mer Noire et la Caspienne. Elle se divise en plusieurs bandes parallèles :

1° Le massif allongé du Caucase, très élevé (*Elbrous*, 5630 m.), formé de roches cristallines et sédimentaires, de climat assez rude, bien arrosé et couvert de *forêts* ;

2° Au pied du versant Nord du Caucase, la fin de la plaine russe ou **Kabarda**, de climat sec mais arrosée par les nombreuses rivières qui descendent du Caucase (*Kouban*, *Térek*) et occupée par des *steppes riches* ;

3° Au pied du versant Sud, la plaine allongée de Géorgie, très abritée, assez chaude et assez arrosée par les eaux du Caucase (*Koura*), possédant de bons *pâturages* et propre dans la région de la mer Noire aux *cultures subtropicales* : riz, coton, mûrier, tabac, maïs, vigne ;

4° Au Sud de la Géorgie, le plateau volcanique d'Arménie, dominé par de hautes montagnes volcaniques (*Ararat*), de cli-

Fig. 18. — Empire russe : superficie, population, production.

mat rude et sec, de végétation pauvre, seulement cultivé et habité dans la vallée de l'*Araxe*.

Toute la Caucasie possède de nombreuses *mines* (*houille, fer, cuivre, or*), parmi lesquelles il faut mettre au premier rang les mines de pétrole.

135. La population, très variée, n'est pas assez dense. — La population comprend, outre les Russes, des Jaunes, *Tatars* et *Turcs* (musulmans), et des Blancs Cauca-siens, *Géorgiens* et *Arméniens* (chrétiens), *Tcherkesses* et *Lezghiens* (musulmans).

Cette population atteint à peine 10 millions d'habitants (19 au kilomètre carré). Malgré les dissensions mortelles entre Tatars et Arméniens, elle augmente grâce à l'immigration russe, très forte. Mais le pays pourrait nourrir beaucoup plus d'habitants.

136. La Caucasie possède deux régions princi-pales de peuplement. — La Caucasie possède, alternant avec l'Arménie trop sèche et le Caucase boisé, deux régions basses, assez fertiles et riches en mines, qui sont les deux zones de peuplement.

1° La *Kabarda*, outre des *pasteurs nomades* (chevaux, mou-tons), est surtout peuplée dans la région des *mines de pétrole*, à l'Ouest, où se trouve *Iekaterinodar*.

2° La *Géorgie*, outre ses abondantes *cultures*, a ses *mines de pétrole*. C'est une région d'*industrie* active. Les deux grandes villes sont Tiflis (161 000 h.) et Bakou, la capitale du pétrole.

137. La Caucasie est un élément important de l'Empire par ses ressources et par les voies qu'elle ouvre vers l'Orient. — Les Russes, installés dans le Cau-case depuis le XVIII° siècle, ont moins développé les facultés agricoles et industrielles du pays que sa **production pétro-lifère**, qui atteint aujourd'hui *75 millions d'hectolitres*, dont l'exportation atteint presque 300 millions de francs. C'est le premier producteur de pétrole du monde après les États-Unis (dont le pétrole est de meilleure qualité).

D'autre part, la Caucasie a été pour les Russes une *voie d'acheminement vers l'Iran*, grâce surtout au **chemin de fer transcaucasien** (Batoum-Bakou), qui unit la mer Noire à la Caspienne.

2° *Le Turkestan russe.*

138. Le Turkestan est une plaine de sol partiellement fertile, mais de climat, d'hydrographie et de végétation désertiques. — Le Turkestan est surtout une plaine uniforme, qui s'étend entre la Caspienne et les hauts massifs de l'*Iran*, du *Zarafchan*, du *Thian-Chan*. Ancien fond d'une mer desséchée, elle en contient encore des restes : *mer Caspienne*, *mer d'Aral*, *lac Balkhach*, qui s'évaporent peu à peu.

Malgré les *limons* fertiles qui recouvrent une partie de son sol, le Turkestan est un **désert**. Son **climat** est *excessif* et *très sec*. Ses **cours d'eau**, venus des montagnes, se traînent péniblement vers la mer d'Aral (*Amou Daria*, *Syr Daria*), ou se perdent en route. La **végétation** est celle de la *steppe* aride ou du *désert* (désert d'*Oust-Ourt*). Cette plaine est le *Touran*.

Seules les **hautes vallées**, encadrées dans la région montagneuse, ont un climat plus doux et surtout plus humide ; elles sont propres aux cultures. La principale est le *Ferghana*. L'ensemble des vallées fait déjà partie de l'*Iran*.

139. Le Turkestan, peu peuplé, comprend deux populations de traits, d'habitat et de vie absolument opposés. — Le Turkestan renferme à peine 10 millions d'habitants, 3 par kilomètre carré. Ils comprennent deux éléments :

1° Les **Iraniens**, *blancs*, qui habitent dans les hautes vallées cultivables, sont *sédentaires* et *agriculteurs*. Leurs groupements sont assez denses et leurs villes populeuses : Tachkent (156 000 h.), *Kokan, Namangan, Samarkand* ;

2° Les **Touraniens**, jaunes, qui habitent la steppe, sont *nomades* et *pasteurs* (chevaux et moutons), et forment des clans, plus ou moins groupés sous la suzeraineté de *Khans*, qui siègent dans des oasis : *Khiva, Bokhara.*

140. Les Russes commencent l'exploitation économique du Turkestan. — Les Russes dominent le Turkestan soit directement, soit indirectement (*protectorat* des Khans de Khiva et de Bokhara).

Ils occupent et exploitent surtout les hautes vallées, où ils ont attiré des colons et développent les **cultures** (irrigation) de *riz* et de *coton* et les industries textiles (*cotonnades* et *soieries*).

Ils ont construit le *transcapien*, qui unit la Caspienne aux hautes vallées du Turkestan et l'unira (embranchement sur Hérat) à l'Afghanistan et à l'Inde.

3° *La Sibérie.*

141. La Sibérie comprend les mêmes zones physiques que la Russie. — Par le relief, la Sibérie (23 fois la France) forme une immense **plaine**, ouverte vers l'océan Arctique, séparée des mers du Sud et de l'océan Pacifique par les **hautes chaînes asiatiques** : *Thian-Chan, Altaï, Yanoblovyi, Stanovoï*, qui forment la Sibérie Sud-Orientale, qui se termine par le *Kamtchatka*.

Son **climat** est partout très *continental*, excessif et sec, de plus en plus froid et sec du Sud-Est au Nord-Ouest.

Les **cours** d'eau de la plaine sont longs, lents, de débit peu abondant, de régime assez régulier, encombrés par les glaces en hiver et sujets à de terribles débâcles au printemps. Ce sont : l'*Ob* (Irtych); l'*Iéniséi*, à qui l'Angara amène les eaux du *lac Baïkal*; la *Léna*. Les fleuves de la Sibérie Orientale montagneuse ont un cours plus tourmenté, un débit plus abondant et moins régulier. Le principal est l'*Amour*.

142. La Sibérie a des ressources végétales et minérales variées et abondantes. — La Sibérie a sur son immense étendue des *ressources* végétales variées.

Elle comporte du N. au S. les mêmes **zones de végétation** que la Russie : 1° les *toundras* glacées; 2° la *forêt*, immense (6 fois la superficie de la France), à conifères au N., à feuilles caduques au S.; 3° la *zone du tchernoziom*, cultivable; 4° la *steppe*, aride, bonne tout au plus à l'élevage extensif; 5° la *zone montagneuse*, au Sud-Est, plus humide, couverte de forêts sur les chaînes et de landes sur les hauts plateaux.

Elle a des *ressources minérales* abondantes; localisées surtout dans la région montagneuse du Sud Est et dans l'Oural : *houille, fer, cuivre, pétrole*, et surtout l'**or** (production, avec celle de l'Oural, inférieure seulement à celle du Transvaal, des États-Unis et de l'Australie.

143. La Sibérie est excessivement peu peuplée. — La population de la Sibérie comprend :

1° **Des indigènes**, Jaunes, *Samoièdes* au N., *Tatars* et *Toungouses* au S., cantonnés dans la zone des toundras et des forêts, vivant de chasse et de pêche, peu nombreux (600 000);

2° **Des Russes**, de plus en plus nombreux, anciens *déportés*, *exilés volontaires* et surtout *colons libres*. L'immigration augmente chaque année (concession de terres gratuites); ils sont groupés en *mirs*, surtout dans la zone des cultures et des mines.

Cette population atteint à peine 6 millions d'habitants (1 *habitant par 2 kilomètres carrés*). Les 9 dixièmes sont groupés dans la **zone des cultures et des mines.**

Les seules *villes* de la Sibérie sont situées dans cette zone. C'était surtout des *relais de caravanes*; ce sont surtout des *stations de chemin de fer*. Telles sont: *Tomsk, Irkoutsk, Omsk, Krasnoiarsk, Blagovechtchensk.*

144. Manquant de population et de voies de communication, la Sibérie est loin d'exploiter toutes ses ressources. — La maigre population de la Sibérie, desservie par l'étendue du pays et la rareté des voies de communications (forêts immenses, fleuves gelés), n'exploite qu'une minime partie des **forêts** et le fait sans méthode.

Les cultures (*blé, orge, avoine, seigle*), limitées au tchernoziom, sont extensives, peu soignées et de rendement faible.

Sauf pour l'*or*, l'exploitation des **ressources minières** est dans son enfance : quelques **groupes métallurgiques** au Sud de Tomsk, au Nord d'Irkoutsk et sur l'Amour.

145. Le Transsibérien est surtout une voie de pénétration vers l'Extrême-Orient. — La grande voie ferrée du *Transsibérien* (1903) dessert aujourd'hui la Sibérie Méridionale. Elle servira, plus qu'elle ne sert encore, à l'exploitation de la Sibérie en activant le *mouvement commercial* et en excitant l'*immigration*.

Actuellement, elle est surtout une **voie d'accès et de transit** de la Russie et de l'Europe vers le Pacifique et l'Extrême-Orient. Elle aboutit, à travers la Mandchourie, à *Vladivostok* (port russe, souvent encombré par les glaces) et à *Port-Arthur* (port aujourd'hui japonais, toujours libre). Elle se prolonge à travers la Chine, jusqu'à *Han-Koou* et tend vers *Chang-Haï*.

Elle servira au développement de la Sibérie, mais plus encore au trafic international.

L'EXTRÊME-ORIENT

I. — LA CHINE

La Chine forme une énorme agglomération de population, qui n'a longtemps exploité que les ressources de son sol et commence à peine à exploiter celles de son sous-sol.

***

L'Empire chinois occupe une portion importante de l'*Asie Centrale*. Celle-ci est constituée en majeure partie par une série de chaînes en forme d'*arcs* d'âge tertiaire, alignées et orientées du S. O. au N. E. (*Himalaya, Altaï, Thian-Chan, Saïansk,* etc.), et de hauts plateaux, qui les flanquent ou les séparent (*Tibet, Mongolie*). Cet ensemble, très massif et très élevé, a un climat continental rude, un régime désertique, des produits peu abondants, une population rare. Seule, à l'Est, la Chine, basse et ouverte sur la mer, fait exception.

146. La région essentielle de l'Empire chinois est la Chine propre. — L'Empire Chinois a une superficie de 11 millions de kilomètres carrés et une population qui atteint peut-être 420 millions d'habitants. Il est donc plus étendu et plus peuplé que l'Europe.

Mais il faut distinguer dans l'Empire chinois : la *Chine propre*, qui comprend à peine le tiers du territoire, mais presque toute la population de l'Empire; — les *possessions extérieures* à la Chine propre, où la densité de population est presque nulle. Elles comprennent :

1° Le Tibet, haute masse plissée (alt. moy. 5000 m.), au climat continental et excessif, très froid et très sec, peu peuplé de *Mongols* bouddhistes, dont la capitale religieuse est *Lhassa*;

2° Le Turkestan chinois, vaste dépression sableuse, entourée de montagnes (*Thian-Chan, Kouen-Lun*), de climat et de végétation désertiques, dont les eaux se perdent dans une dépression centrale, le *Lob-Nor*; quelques villes-oasis : les principales sont *Yarkand* et *Kachgar*;

3° La **Mongolie**, constituée par un haut plateau pierreux
Gobi) et de hautes chaînes (*Thian-Chan, Altaï*), au climat
continental, excessif et sec, à la végétation de *steppe*; occupée
par des *Mongols*, pasteurs nomades;

4° La **Mandchourie**, constituée par une plaine centrale,
bordée à l'E. et au S.-E. par des massifs. La *plaine* a un climat
continental et excessif, mais plus humide que les régions pré-
cédentes (voisinage de la mer); elle a des rivières permanentes
(*Soungarie*) et est propre à la culture des céréales. La population de *Mandchous* est assez dense. Capitale : *Moukden*
(170 000 h.).

**147. La Chine propre comprend la Chine septen-
trionale et la Chine méridionale.** — La Chine propre
est la région essentielle de l'Empire chinois. Sa superficie vaut
sept fois la superficie de la France; sa population, près de dix
fois la population de la France. Elle comprend deux régions
très différentes :

1° La *Chine septentrionale*, malgré quelques *alignements
montagneux*, d'origine soit cristalline, soit volcanique (*Tse-Ling,
Outaï-Chan, Chan-Si*), est essentiellement constituée par une
plaine, ancien bassin, dont le relief, jadis accidenté, a été
enfoui sous une nappe épaisse de limon argileux ou **terre
jaune** (*loess*), découpée en *terrasses* par l'érosion fluviale.

La côte en est plate et basse. Un seul accident notable : la
presqu'île du Chan-Toung, ancienne île rattachée au continent par les alluvions. Aucun port naturel.

Les cours d'eau sont le *Peï-Ho* et surtout le **Houang-Ho**
(plus de 4000 km.), au débit abondant et violent, charriant des
masses d'alluvions jaunâtres. Son cours a souvent varié (notamment en 1857) et n'est à peu près fixé que par les travaux
humains (*digues*). Il n'est pas navigable à son embouchure,
très ensablée.

Le climat est *continental* : température excessive (étés très
chauds, hivers très froids); pluies d'été, assez rares.

La végétation arbustive est presque nulle (sol peu tenace,
climat trop sec). Mais la terre est excellente pour la culture
des céréales : *blé, millet.*

2° La *Chine méridionale* est constituée par une série de
chaînes (*Monts du Se-Tchouen, du Yunnan, Nan-Chan*),

généralement orientés de l'Ouest à l'Est, où les dislocations et l'érosion ont 'produit de larges **vallées**, souvent resserrées ou interrompues par des éperons montagneux.

La **côte**, perpendiculaire aux chaînes, comprend de nombreuses indentations, longues, étroites et profondes (côte à *rias*) et d'excellents ports.

Les **cours d'eau** sont le *Si-Kiang*, et surtout le **Yang-tsé-Kiang**, le plus long fleuve de Chine, très puissant, navigable dans trois *bassins* séparés par deux étranglements (*rapides*), et se terminant par un magnifique *estuaire*.

Le **climat** est *tropical* : continûment chaud (sauf sur les hauteurs) et très humide, grâce à des *pluies de mousson* tombant en été (mousson d'hiver, venant du continent, sèche ; mousson d'été, venant de la mer, humide). Il est troublé, au changement des moussons, par des *cyclones* ou *typhons*.

La **végétation**, tropicale, est exubérante. Les montagnes sont couvertes de *forêts*.

Dans les **vallées**, aux riches alluvions, et sur les basses pentes, réussissent les **cultures tropicales** : *riz, mûrier, coton, thé*.

148. La population chinoise est assez composite et très dense. — La Chine propre (aucun recensement précis) a peut-être 400 millions d'habitants.

Les *races* représentées en Chine sont assez nombreuses. Toutes sont *jaunes*. Outre quelques **éléments mongols et mandchous**, le fond de la population comprend :

1° Les **Miao-Tsé**, population primitive des monts du Se-Tchouen ;

2° Les **Chinois**, qu'on peut distinguer en *Chinois du Nord*, grands et de teint foncé, et en *Chinois du Sud*, beaucoup plus nombreux, petits et de teint plus clair. Les uns et les autres sont actifs, industrieux et sobres.

La *répartition de la population* est assez inégale. La densité moyenne est forte (110 h. au kilomètre carré). Mais certaines régions sont véritablement *surpeuplées* : ce sont les *côtes* et les *vallées* de la **Chine méridionale**, les *régions à céréales* (Chan-Toung et Pé-tchi-li) de la **Chine septentrionale**.

La *population rurale*, comme dans presque tous les pays agricoles, est bien supérieure à la *population urbaine*. Pourtant, la Chine possède d'*immenses agglomérations*, centres politiques ou religieux, ports maritimes ou fluviaux, et, de nos jours, centres industriels en voie de croissance.

Les principales villes sont : **Pékin** (1 600 000 h.) et **Tien-Tsin** (950 000 h.); **Tching-Tou-Fou, Han-Koou,** *Chang-Haï,* **Hang-Tchéou,** *Fou-Tchéou,* **Canton** (2 500 000 h.), *Hong-Kong, Sou-Tchéou, Nankin.*

Sauf les deux premières, toutes ces villes sont situées dans la Chine méridionale. Sauf la dernière, toutes ces villes doivent avoir au moins 500 000 habitants.

149. La Chine a une civilisation très ancienne. — La Chine a paru longtemps figée dans sa très antique civilisation.

La **constitution politique** donne toute la virtualité du pouvoir à un *Empereur,* descendant d'une *dynastie mandchoue,* et toute la réalité du pouvoir à des *gouverneurs de provinces,* nommés par lui.

La **constitution sociale** enferme héréditairement les Chinois dans une série de métiers et de *castes* ou classes, d'où ils peuvent sortir par examens (*mandarinats*).

Les **religions officielles,** les plus pratiquées, sont le *taoïsme,* le *bouddhisme* et le *confucianisme.* Cette dernière, la plus répandue, consiste plutôt dans une morale que dans un dogme et dans un rite. — Autres religions tolérées : le catholicisme romain et l'islamisme.

La **Chine a été longtemps fermée aux étrangers,** à leurs produits, à leurs idées, même à leurs personnes.

150. La Chine s'est récemment et graduellement ouverte à l'action économique des Européens. — Malgré ses attaches avec le passé, la Chine s'est partiellement et lentement ouverte à la civilisation européenne pendant la seconde moitié du XIX⁰ siècle, et surtout depuis sa défaite par le Japon en 1895. Cette lente évolution s'est manifestée :

1° Par l'ouverture de certains ports au commerce étranger. Les principaux sont *Chang-Haï* et *Fou-Tchéou,* sur la mer; *Han-Koou* et *Tien-Tsin,* sur les fleuves;

2° Par la **cession à bail de territoires** à des puissances étrangères, avec le droit d'y établir des établissements industriels et des comptoirs commerciaux : *Weï-Haï-Weï,* à l'Angleterre; *Kiao-Tchéou,* à l'Allemagne; *Leï-Tchéou,* à la France; *Port-Arthur,* au Japon;

6*

SIBÉRIE
Ob
Irtych
Mts Saiansk
Iénisséi
Monts Altaï
L. Balkhach
TURKESTAN RUSSE
M O N
Monts Thian Chan
G
Tarim
TURKESTAN CHINOIS
Lob Nor
Pamir
Mts Kouen-Lun
T I B E T
Indus
H i m a l a y a
Gange
INDE
Brahmapoutre
S.
M
Y U N
Mékong
T
Régions montagneuses
Déserts
Terre à loess de la Chine du Nord

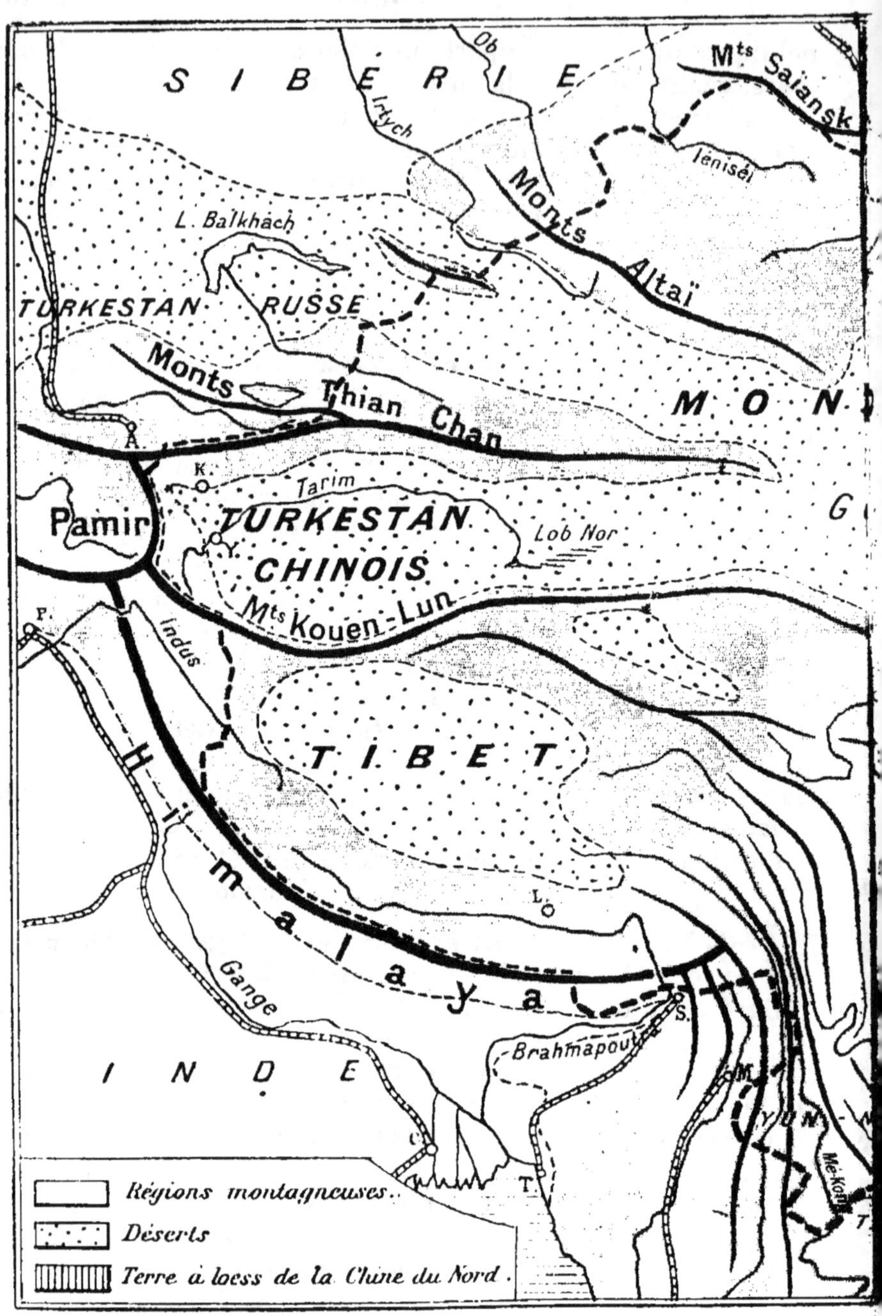

Fig. 19.

MANDJOURIE
Amour
Soungari
Oussouri
Khingan
MER
DU
JAPON
CORÉE
Pei-Ho
PEKIN
G. de
Petchili
OP.A
Côte
W.H.W.
MER
JAUNE
JAPON
Mts du Chansi
CHINE
CHANTOUNG
P.T.
SEPTENTLE
Fl. Jaune
SI-NGAN
ng-Ling
Nankin
Nos alluviales plates
Sou-Tchéou
CHANG-HAI
UEN
-FOU
HANG-TCHÉOU
ng-Tse Kiang (Fl. Bleu)
CHINE
MÉRIDLE
rias
MER CHINE
Mts Nan-Chan
FOU-TCHÉOU
Formose (I.)
Si-Kiang
CANTON
Côtes decoupées
DE
Hong-Kong
L.T. Côtes
MER
PHILIPPINES
Hai-Nan
Ch. Bonnesseur

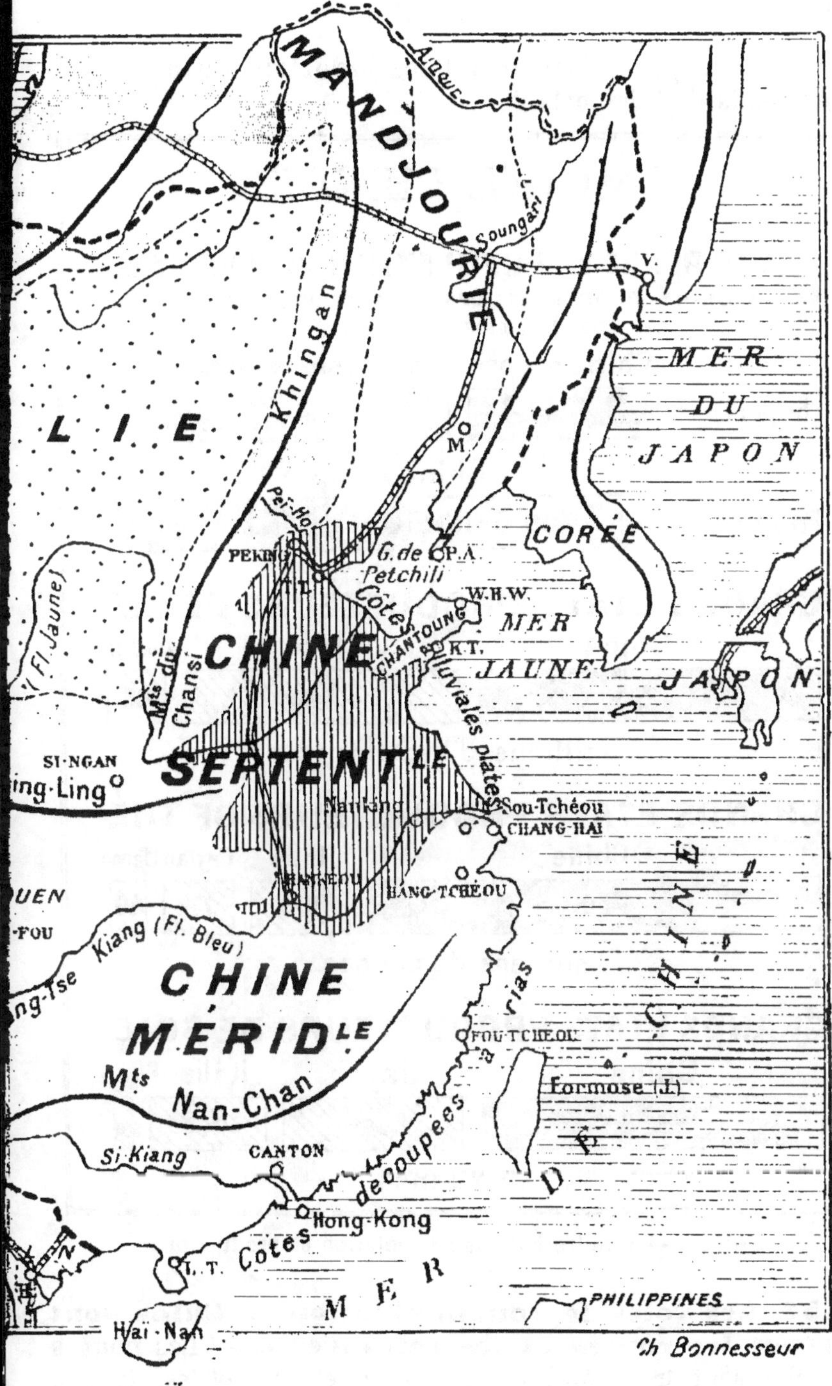

chinois.

3º Surtout, par la fondation d'une industrie nationale, récente, mais déjà importante.

Fig. 20. — Empire chinois : population et production.

**151. Les voies de communication en Chine sont
surtout les routes et les voies d'eau.** — Les *rout s*
en Chine sont très nombreuses (*routes en tranchées*, dans la
terre jaune).

Les *voies d'eau* sont les véritables routes commerciales entre les villes : grands **fleuves** navigables ou **canaux**, très anciens et très nombreux. Le principal est le *Grand Canal* (2700 km.), entre Pékin et Canton.

Les *voies ferrées* se développent rapidement. Le *projet d'un réseau complet* s'exécute par *tronçons*, non encore unifiés. Le principal relie *Pékin à Han-Koou*, se prolonge au N. par le transmandchourien, et tend au S. vers Chang-Haï.

152. La Chine est encore avant tout un pays agricole. — L'*agriculture* (avec la **pêche** maritime ou fluviale) est la principale ressource de la grande majorité de la population, même urbaine. Dans aucun pays du monde elle n'est plus *savante* (irrigation, cultures en terrasses sur les pentes, cultures soignées à la bêche) et ne tire meilleur parti de toutes les parcelles de terrain.

Les *grands produits agricoles* de la Chine sont :

1° Les **céréales**, au Nord : *millet* et *blé*; elles nourrissent les populations de la Chine septentrionale;

2° Le **riz** (récolte annuelle double), qui suffirait à nourrir les populations de la Chine méridionale;

3° Le **mûrier**, dans la Chine méridionale, qui permet l'*élevage des vers à soie* et la production d'une quantité de soie égale au quart de la production mondiale;

4° Le **thé**, dont la culture, peu en progrès, se concentre dans la Chine méridionale et subvient à la consommation de la Chine et de la Russie (exportation par *caravanes*);

5° Le **coton**.

Autres produits secondaires : la *canne à sucre*, l'*indigo* et l'*opium*.

L'agriculture chinoise suffit à nourrir une population très nombreuse et presque exclusivement végétarienne.

153. La Chine évolue vers la grande industrie. — La Chine possède des *richesses minières* que l'on n'a pu encore estimer, même approximativement, mais qui sont certainement très abondantes et très variées : houille (dans toutes les provinces), *or* et *argent, fer, cuivre* et *plomb*.

L'*industrie* n'a longtemps été en Chine qu'une petite industrie à domicile : *soieries, broderies, laques, porcelaines, ivoires sculptés*. Mais, tout récemment, la grande industrie s'est créée, d'abord sous la direction d'étrangers, puis véritablement nationale : *minoteries, établissements métallurgiques* (suscités par la construction des voies ferrées), et surtout industries textiles : *cotonnades* et *soieries.*

Les *grands centres industriels* sont Chang-Haï, *Tien-Tsin* et *Canton.*

154. Le commerce chinois est en progrès. — Malgré des *tarifs douaniers* encore élevés et multiples (douanes de provinces), le commerce de la Chine avec l'extérieur est en grand progrès.

Toutefois, il n'atteint pas 3 milliards de francs. Les **importations**, qui dépassent les exportations, portent surtout sur les cotonnades et l'opium ; les **exportations**, sur la soie brute ou ouvrée (en progrès) et sur le thé (en déclin). En outre, la Chine exporte ses riz de qualité supérieure et importe, pour une part de sa nourriture, des riz de qualité inférieure de l'Inde.

155. La Chine est déjà un facteur mondial important par sa population; elle le deviendra de plus en plus par sa production économique. — La Chine est un élément important de la vie du monde par la *masse de sa population.*

L'émigration des Chinois (plus de 300 000 par an) tend à fournir à tous les pays riverains du Pacifique et de l'océan Indien une *main d'œuvre* laborieuse, adroite et très modestement rétribuée. C'est ainsi que les Chinois émigrants menacent d'une dangereuse concurrence les ouvriers de race blanche au Transvaal, en Australie, dans l'Amérique du Sud, en Californie. Des mesures préventives rigoureuses ont déjà été prises par la plupart de ces pays contre l' « invasion jaune ».

La production économique de la Chine menacera les grands États d'une concurrence redoutable, quand elle exploitera complètement les ressources de son sous-sol. Or, cette exploitation commence à l'heure actuelle. *La forme la plus vraisemblable du « péril jaune » est la forme économique.*

II. — LE JAPON

Le Japon, archipel surpeuplé, ancien État agricole récemment ouvert à l'industrie, est le seul État moderne de l'Extrême-Orient. Il prétend à sa domination politique et économique.

****

L'ossature de l'Asie est constituée par une série de *chaînes* plissées en forme d'arcs, d'âge tertiaire. Par suite d'effondrements, certaines de ces chaines, noyées en partie, n'apparaissent plus que sous forme d'*archipels*, les alignements des îles rappelant les anciennes directions des chaines. De plus, comme toutes les régions d'effondrement, la région des archipels asiatiques a été le théâtre de grandes éruptions volcaniques. Tels sont les grands archipels asiatiques, *Indes Néerlandaises*, *Philippines*, *Japon*, séparés du continent asiatique par des *mers profondes*.

156. Le Japon est un archipel. — Si l'on excepte la Corée (V. 164), le Japon est *un archipel*, qui comprend *plus de 3000 îles*, mais où les terres d'une superficie importante sont à peine au nombre de 6.

Il comprend, du Nord au Sud : la *partie méridionale de Sakhalin*, les îles *Kouriles*, les *Huit-Iles*, les îles *Riou-Kiou*, l'île *Formose*.

Les *Huit-Iles* constituent, par leur étendue, leurs ressources et leur population, la portion essentielle de l'archipel. Elles représentent les sept neuvièmes (358 000 kmq.) de l'ensemble des terres japonaises (450 000 kmq.). Les quatre grandes îles sont : **Yéso, Hondo ou Nippon, Sikok et Kiou-Siou.**

157. Le Japon doit ses caractères physiques essentiels à son relief montagneux et à l'influence de la mer. — Toutes les îles japonaises sont constituées par des *montagnes* issues soit de *plissements*, soit d'*éruptions volcaniques*, qui se continuent aujourd'hui. La plus haute est un volcan : le **Fousi-Yama** (3750 m.), dans Hondo.

Les *plaines* n'occupent qu'un huitième du territoire. Constituées par les alluvions des *rivières*, généralement courtes, de pente forte et peu navigables, elles s'ouvrent *sur la mer*. La plus étendue est la plaine de **Tokio**, dans Hondo.

Les *côtes*, grâce au relief accidenté, sont *très développées* et *très découpées*. Le principal accident est constitué par la Mer Intérieure, entre Hondo, Riou-Kiou et Sikok.

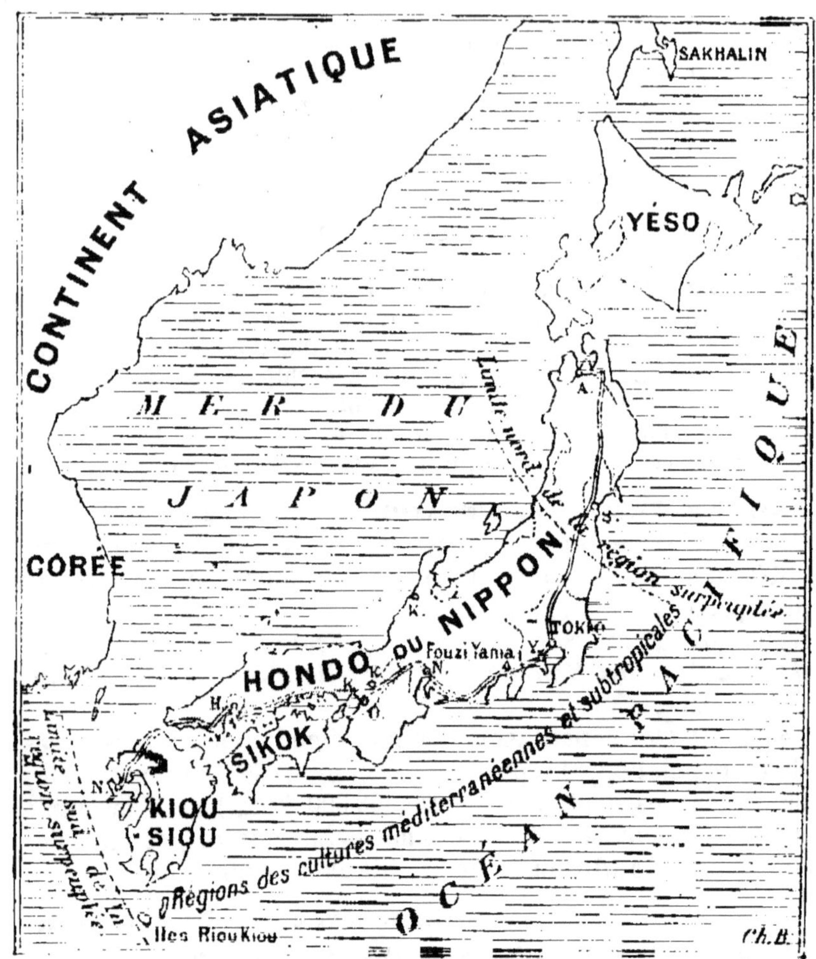

Fig. 21. — Japon.

Le *climat* varie du Nord au Sud, car le Japon s'étend sur degrés de latitude. Mais il subit partout :

1° l'influence de la mer, qui en fait un climat relativement tempéré et très humide. Le *Kouro-Sivo*, courant chaud, attiédit les hivers. Les pluies, apportées surtout par la *mousson d'été*,

qui souffle du S.-E. (Océan Pacifique), diminuent de durée et
d'abondance du S. (4 mois, 2 mètres) au N. (6 semaines, 0ᵐ,70);

2° l'influence de l'altitude, qui modifie les effets de la latitude et de la mer, et donne au Sud de Hondo (34° lat. N. un
climat assez tempéré, à Yéso (42° lat. N.) un climat rude.

La *végétation* est réglée par le climat. Grâce aux pluies,
partout abondantes, la **forêt** domine partout : *forêt de conifères*, dans Yéso; *forêt à feuillage caduque*, mais très touffue,
dans les îles du Centre; *forêt tropicale*, au Sud. Les plaines
sont couvertes par une **savane** herbeuse et fleurie.

Les aptitudes agricoles sont nombreuses grâce au *climat*
et aux *matériaux d'origine volcanique* que contient le sol.
Elles varient avec la latitude. Les régions avantagées sont
Hondo, *Sikok et Kiou-Siou*, favorables aux *cultures méditerranéennes* et *subtropicales* : céréales, riz, mûrier, thé, etc.

**158. La nation japonaise, de composition simple et
très antique, a été transformée par une révolution
récente.** — La population du Japon comprend *deux éléments
originels* :

1° les **Aïnos**, peuplade indigène primitive, depuis longtemps
refoulée dans les régions les moins fertiles de Yéso, et constituant une partie infime de la population ;

2° les **Japonais**, venus sans doute très tôt du continent,
ayant conquis et peuplé tout l'archipel. De *race jaune*, ils
comprennent deux types assez distincts, l'un plus grossier,
l'autre plus fin, mais ayant des caractères communs : petite
taille, peau jaune, yeux bridés, pommettes saillantes. Ils parlent
la *langue sino-japonaise*, et pratiquent, d'ailleurs sans zèle,
deux religions : le *sintoïsme* et le *bouddhisme*.

Une *révolution politique* a transformé, au milieu du
XIXᵉ siècle, le Japon, encore soumis jusque-là à un *régime
féodal* (empereur « fainéant » dominé par l'aristocratie foncière
des *daïmios* et guerrière des *samouraï*) et fermé aux Européens. Le régime moderne, inauguré en 1872, a ouvert le Japon
aux étrangers et en a fait :

1° un **État politique moderne** : pouvoir central fort (*Empereur* ou *Mikado*, gouvernant avec des *ministres* respon-
sables), régime parlementaire (*Chambre haute*, recrutée par
le pouvoir, et *Chambre basse*, élue au suffrage restreint), in-
struction publique, presse, etc. ;

2° **un État militaire moderne** : armée et flotte puissante, constituées sur le modèle de l'Europe ;

3° **un État économique moderne** : création, à côté de l'agriculture et de la petite industrie ancestrales, d'une grande industrie et d'un commerce mondial.

159. La grande masse de la population est concentrée dans Hondo (portion méridionale), Sikok et Kiou-Siou, qui sont surpeuplées. — Le Japon compte 59 *millions d'habitants*, soit une moyenne de 110 *habitants au kilomètre carré*.

Mais Sakhalin, les îles Kouriles et Yéso (6 hab. au kmq.) sont presque désertes. Formose, plus peuplée, a pourtant une densité inférieure à la densité moyenne.

Au contraire, Hondo, Sikok et Kiou-Siou ont à elles seules plus de 46 millions d'habitants. Le Sud de la première et les deux autres ont une densité moyenne de 155 habitants au kilomètre carré.

Comme il est naturel dans un pays agricole, la grande majorité de la population est *rurale*. Mais le Japon compte quelques très *grandes villes*, dont quelques-unes très accrues depuis l'essor de la grande industrie. Toutes sont situées dans la région surpeuplée, capitales politiques, centres industriels ou grands ports. Les principales sont :

Dans Hondo : **Tokio** (1 819 000 h.), la capitale moderne, et son port, **Yokohama**; **Kioto** (381 000 h.), la capitale ancienne, et son port industriel, **Ohosaka** (996 000 h.); *Nagoia, Kobé, Hiroshima, Sendai, Kanazava.*

Dans Kiou-Siou : *Nagasaki.*

160. Les deux grandes ressources du Japon sont encore la pêche, et surtout l'agriculture. — Le Japon doit au développement de ses côtes et à son climat d'avoir fondé jusqu'à une époque récente sa vie économique sur la pêche et l'agriculture.

La *pêche* dans les mers du pourtour, très poissonneuses, subvient pour une bonne part à la nourriture des habitants.

L'*agriculture* fait vivre plus de la moitié de la population. Par le fait du *relief accidenté*, l'étendue des terres cultivées n'occupe que 5 500 000 hectares (plaines, fonds de vallées et basses pentes). Mais la culture est *très perfectionnée*, grâce aux soins minutieux de *petits propriétaires*. Non seulement elle nourrit une population très nombreuse et très végétarienne, mais elle alimente l'exportation.

Les grands produits sont :

1° le **riz**, cultivé dans les fonds de vallées et sur les pentes

Fig. 22. — Japon : caractères physiques et production.

(rizières en terrasses), excellent par la qualité et le rendement (26 hl. à l'hectare). Il occupe à lui seul *plus de la moitié de la superficie cultivée* ;

2° les autres **céréales** : *blé, millet, orge, seigle, sarrasin*.

3° le **thé**, qui subvient à l'alimentation de la population et à l'exportation (Amérique du Nord);

4° le **mûrier**, qui permet l'*élevage des vers à soie* et la production de la **soie** (pour laquelle le Japon est *le premier pays du monde;*

5° des **produits secondaires** : le *coton* (en progrès), la *canne à sucre, le tabac.*

L'élevage est presque nul : peu d'animaux de trait, la culture, minutieuse, étant confiée à la main-d'œuvre humaine.

161. Le Japon possède, à côté d'une petite industrie traditionnelle, une grande industrie, de création récente. — Longtemps le Japon n'a eu qu'une *petite industrie à domicile* pour la fabrication d'objets d'usage courant (*cotonnades*) et surtout de *produits de luxe et d'exportation (porcelaines, papiers de riz, soieries, etc.).*

Mais le Japon moderne possède une *grande industrie,* grâce à l'exploitation de ses mines de *houille* (qualité assez médiocre, quantité très suffisante), de *fer* et de *cuivre* (les mines de métaux précieux semblent épuisées).

Ces industries, *concentrées* dans de grandes villes (Ohosaka, Tokio, Yokohama, Nagasaki), sont surtout : les **industries textiles** (*soieries* et surtout *cotonnades*), les **industries métallurgiques** et les **industries chimiques** (*allumettes*, s'exportant dans tout l'Extrême-Orient).

162. La transformation économique du Japon a relativement peu influé sur le développement de ses voies de communication. — Aujourd'hui comme jadis, la plus grande partie du transit intérieur se fait *par mer.* Le Japon a une **flotte de cabotage** (*jonques* et *petits vapeurs*) très nombreuse, et une grande **flotte de steamers.**

Toutefois, les besoins de l'industrie moderne et la nécessité de suppléer à la rareté des *voies intérieures,* de terre (relief accidenté, forêts, intérieur peu habité) et d'eau (torrents courts et rapides) ont causé la naissance d'un **réseau ferré** déjà important (plus de 9000 km.), composé d'une *ligne longitudinale,* à travers Hondo et Kiou-Siou, avec *embranchements.*

163. Le commerce japonais est surtout actif avec les États-Unis et l'Asie. — Le Japon produit un surplus de *soie,* de *thé,* de *houille* et même d'*objets manufacturés;* il a besoin de *coton* pour son industrie et de certains *produits alimentaires* (sucre). Il exporte son riz, de qualité excellente, et importe, pour se nourrir, des riz hindous médiocres et peu coûteux. — Telles sont les bases de son commerce extérieur, qui dépasse 1800 millions de francs.

Ses **importations** se font surtout de l'*Angleterre* et des *États-Unis* (objets manufacturés), de l'*Inde* (coton, riz), de *Chine* (riz). Elles augmentent pour les produits alimentaires et les matières premières ; elles diminuent pour les objets manufacturés.

Ses **exportations** se font surtout aux *États-Unis* (soie, thé), en *Chine* (houille et produits industriels) et en *France* (soie brute) Elles diminuent pour les produits alimentaires et les matières premières (sauf la houille) ; elles augmentent pour les objets manufacturés.

Cette évolution dans la matière des importations et des exportations suffit à montrer que peu à peu le Japon devient un grand État industriel.

164. L'impérialisme japonais prétend à la domination politique et économique de l'Extrême-Orient et même du Pacifique. — L'*impérialisme japonais* est né :

1° de sa *transformation politique et économique* ;

2° De ses *victoires militaires* sur la Chine (1895) et sur la Russie (1904), suivies de l'**annexion de Port-Arthur** et du **protectorat de la Corée**, qui ont permis aux Japonais de prendre pied sur le continent asiatique.

Le Japon prétend désormais :

1° A la **suprématie économique en Extrême-Orient** et même dans le Pacifique. Il inonde la Chine de ses produits industriels. L'*émigration* y amène des ingénieurs et des ouvriers qui initient leurs frères jaunes à l'industrie moderne, et partout sur le Pacifique (États-Unis, Amérique du Sud, Australie, îles) des ouvriers actifs, intelligents, se contentant de faibles salaires. Contre leur concurrence s'esquisse le même mouvement que contre celle des Chinois.

2° A l'**hégémonie politique de l'Extrême-Orient** et même du Pacifique. Le Japon domine la Corée ; la Chine subit le prestige de ses victoires. Ayant refoulé la Russie vers le Nord, ayant conclu avec l'Angleterre et la France des traités de garantie mutuelle, il est le premier État militaire du Pacifique Nord, où il ne compte *qu'un rival* : *les États-Unis*.

LES ÉTATS-UNIS

I. — LE SOL DES ÉTATS-UNIS

Malgré son immense étendue, le territoire des États-Unis a une constitution physique assez uniforme, qui permet de ne le diviser qu'en neuf régions naturelles.

***

L'histoire géologique du sol des États-Unis comporte *cinq épisodes principaux* : 1° au début des temps primaires, soulèvement des Appalaches, chaine plissée du S.-O. au N.-E., usée, ramenée à l'état de pénéplaine, puis soulevée de nouveau; 2° de la fin de l'ère primaire au début des temps tertiaires, série de soulèvements occidentaux, le long de Pacifique; 3° pendant ce temps, dépôts de sédiments secondaires et tertiaires, demeurés horizontaux, dans la *plaine centrale*, qui immerge grâce à un mouvement du sol; 4° à l'époque glaciaire, érosion du sol par le grand glacier du Nord (glacier canadien), dont les moraines retiennent les eaux et forment des *grands* lacs; 5° dépôts de limons superficiels, au Nord de la plaine, et d'alluvions quaternaires, sur la côte.

165. Le relief des États-Unis comprend deux massifs séparant des côtes une vaste plaine centrale. — Les États-Unis ont une superficie de 7 800 000 kmq., 14 fois celle de la France. Cependant leur relief est assez simple.

1° A l'Est, les *Appalaches* forment une série de *chaînons plissés* (point culminant, 2044 m.), orientés du Sud-Ouest au Nord-Est, séparés par des *vallées intérieures*, communiquant entre elles par des *cluses*; flanqués de 2 hauts plateaux : le Piedmont à l'Est, le plateau de Cumberland à l'Ouest.

2° A l'Est des Appalaches, la *Région côtière atlantique* est constituée, au Nord, par l'extrémité *rocheuse et découpée* de ceux-ci ; au Sud, par une *plaine* tertiaire, large et plate, aux côtes basses et rectilignes, qui forme la péninsule de la Floride.

3° Au Centre, la *Plaine centrale*, sillonnée de quelques rides montagneuses découpées par l'érosion et flanquée, au Sud-Ouest, par le haut **plateau du Texas**, s'abaisse insensiblement depuis les **Grands-Lacs** jusqu'au **Golfe du Mexique**, où elle se termine par une côte alluviale et plate. Elle est constituée par des *sous-sols* qui diffèrent d'âge et de nature : primaire au Nord-Est, secondaire au Nord-Ouest, tertiaire au Sud. Le sous-sol est recouvert au Nord par des *alluvions glaciaires* et des *limons* fertiles.

4° A l'Ouest, le *Soulèvement occidental*, plus haut (point culminant : 4418 m.) et plus compliqué que les Appalaches, a été formé par une série de *plissements* et par des *éruptions volcaniques*. Il comprend [des **chaînes** (*Montagnes Rocheuses, Monts Wahsatch, Sierra Nevada*) et des **massifs** volcaniques (massif de l'*Orégon*) enserrant de hauts **plateaux** intérieurs : *plateau de Columbie, Grand Bassin, plateau du Colorado*, ce dernier surtout calcaire et découpé par de larges *cañons*.

5° A l'Ouest de ce soulèvement, la *Région côtière pacifique* est constituée par les montagnes mêmes, très découpée, riche en accidents topographiques (*presqu'île* et *golfe de Californie*) et en ports naturels (*baie de San-Francisco*).

166. Le climat des États-Unis, peu varié, n'est réellement tempéré que sur la côte du Pacifique. — La *région côtière pacifique* a un *climat méditerranéen*, très doux et moyennement humide, grâce à la latitude et à l'Océan Pacifique, dont l'influence adoucissante, arrêtée par la puissante barrière du Soulèvement occidental, ne s'étend pas sur l'arrière-pays.

Le *reste du territoire des États-Unis* a un climat diversement, mais également *excessif*.

La Région atlantique (côte et Appalaches) a des *étés chauds*, des *hivers froids* (courant côtier froid), des *pluies* tombant en toute saison (voisinage de la mer), mais surtout *en hiver*.

La Plaine centrale, au Nord, et le Soulèvement occidental ont une *température* qui devient de plus en plus excessive vers l'Ouest (éloignement progressif de la mer) et des *pluies* de printemps et d'été, qui deviennent de plus en plus strictement reparties et de plus en plus rares vers l'Ouest (*régime désertique* au pied oriental des [montagnes et sur les plateaux intérieurs).

La **région tropicale** (région atlantique du Sud et région du golfe du Mexique) a un *climat tropical* : chaleur continue, pluies très abondantes (2 m.), strictement localisées en été.

167. Le réseau hydrographique des États-Unis, à l'exception de quelques fleuves atlantiques et pacifiques, se confond avec l'immense réseau central du Mississipi. — **Vers l'Atlantique** descendent des Appalaches quelques fleuves assez courts et de débit moyen. Le principal est l'*Hudson*, moins important par son cours que par la voie que sa vallée ouvre entre les Grands Lacs et l'Océan et d'où vint la grandeur originelle de New-York.

Vers le Pacifique descendent, à travers le soulèvement occidental, de grands fleuves, au cours sinueux et coupé de *rapides*, au régime irrégulier, peu utilisable. Les principaux sont la *Columbia* et le *Colorado*.

Dans la Plaine centrale affluent les eaux de l'Ouest, du Nord et du Sud, pour constituer le *Mississipi*, un des fleuves les plus abondants du monde, dont les *crues*, causées par des eaux venant de régions différentes, se succèdent au cours de l'année pour lui donner un *régime régulièrement abondant*. Ses *affluents,* dont certains sont aussi importants que lui-même, sont le **Missouri**, l'**Ohio** (*Tennessee*), l'*Arkansas*, la *Rivière Rouge*. Il se termine dans le golfe du Mexique par un vaste **delta**.

168. Pour les aptitudes végétales, les États-Unis comprennent des régions très tranchées. — Toutes les parties des États-Unis sont loin d'avoir les mêmes aptitudes végétales.

Les forêts sont assez rares et seulement réparties dans le Nord de la région atlantique (suite de la *forêt canadienne*), sur le versant humide du soulèvement occidental et dans le Sud du Texas (*forêt tropicale*).

Les céréales et les prairies à élevage réussissent également dans la portion septentrionale de la région atlantique et de la plaine centrale (riches limons superficiels). Mais le climat plus sec (*steppes*) ne permet plus que l'élevage dans les Grandes Plaines de l'Ouest (*Far West*) à moins que l'on ait recours à l'*irrigation*.

Les produits demi-tropicaux et tropicaux (maïs, coton, canne à sucre, riz, café, tabac, épices) réussissent dans la *région tropicale* (région méridionale de l'Atlantique, bassin du Mississipi inférieur), à l'exception des régions plus sèches de l'intérieur (haut Texas), où l'élevage est la seule ressource agricole.

Les produits méditerranéens (vigne, fruits) réussissent sur la côte pacifique.

Les terres difficilement utilisables par l'agriculture (climat désertique) couvrent une superficie relativement considérable. Ce sont la plus grande portion des hauts plateaux intérieurs (*terres salées* du Grand Bassin) et la portion de la grande plaine située au pied des Montagnes Rocheuses (les *Mauvaises Terres*).

169. Les États-Unis sont abondamment pourvus de richesses minérales. — Le sous-sol des États-Unis recèle *l'ensemble le plus considérable du monde* en minéraux utiles ou précieux.

Les *minéraux utiles* dominent à l'Est, dans les terrains primaires des Appalaches et du Nord de la Grande Plaine. On y trouve cinq grands **bassins houillers** (outre les régions houillères des *Montagnes Rocheuses*). Elle renferme également des sources de **pétrole** (autre région pétrolifère : le *Texas*), des mines de **fer** et de **cuivre** (autre région cuprifère : les *Montagnes Rocheuses*).

Les *minéraux précieux* dominent dans le Soulèvement occidental. L'or représente actuellement une production beaucoup plus considérable que celle de l'argent, qui est encore énorme.

Les États-Unis sont le premier pays du monde pour la production de la houille, du fer, du cuivre et du pétrole ; le second, pour la production de l'or ; le troisième, pour la production de l'argent.

170. Les États-Unis comprennent neuf régions naturelles. — La coordination de tous les traits physiques du sol précédemment déterminés permet de distinguer dans les États-Unis cinq grandes **régions naturelles**, les deux premières se divisant chacune en trois **sous-régions**. La constitution de leur territoire est donc peu variée, si l'on tient compte de sa superficie.

Ces 9 divisions sont les suivantes :

RÉGIONS	CARACTÈRES GÉNÉRAUX	SOUS-RÉGIONS	CARACTÈRES SPÉCIAUX
Nord-Est...	Température excessive. Pluies de printemps et d'été, suffisantes. Culture de céréales et élevage. Minéraux utiles.	Atlantique-Nord.	Côtes découpées : ports.
		Appalaches et plateaux.	Altitude élevée : climat plus rude.
		Plaine Nord-Est	Limons superficiels très fertiles.
Sud-Est....	Climat tropical. Produits tropicaux.	Atlantique-Sud.	Côte plate et sans ports.
		Bassin du Mississipi inférieur.	Alluvions riches du Mississipi ; terres noires à coton.
		Texas.	Climat plus sec : élevage. Mines (pétrole).
Centre..... (*Grandes Plaines.*)	Température excessive. Pluies rares ou très rares. Région de *steppes* ou de *déserts*. Élevage *extensif* ou vie nulle.		
Soulèvement occidental	Température excessive. Pluies très rares. Régions de *steppes* ou de *déserts*. Cultures dans les vallées. Mines précieuses.		Ces trois régions ne comportent aucune subdivision naturelle et sont caractérisées par une grande uniformité des traits physiques.
Région du Pacifique.	Climat méditerranéen. Produits méditerranéens.		

II. POPULATION DES ÉTATS-UNIS

Les États-Unis se sont rapidement peuplés au cours du XIXe siècle, grâce à un mouvement d'immigration intense et continu. La région du Nord-Est a une population assez dense et en majorité urbaine. Mais, dans le reste du pays, sauf sur la côte du Pacifique, la densité est encore très faible.

Principales dates intéressant la constitution des États-Unis : *1776-1788*. Guerre d'indépendance et constitution des *États-Unis* ; — *1803*. Acquisition de la *Louisiane* ; — *1822*. Acquisition de la *Floride* ; — *1847*. Conquête du *Texas*, du *Nouveau-Mexique*, de l'*Arizona* et de la *Californie* ; — *1867*. Acquisition de l'*Alaska* ; — *1898*. Acquisition de *Porto-Rico* et des *Philippines*. Protectorat de la *République de Cuba*.

171. Les États-Unis forment une République fédérale. — Le gouvernement des États-Unis est réglé par la Constitution de 1787. Il comprend :

1° Un *gouvernement central*, où le *pouvoir exécutif* appartient à un **Président de la République**, élu pour quatre ans, rééligible, qui choisit les *Ministres* à son gré et, en cas de décès, est remplacé jusqu'à l'expiration de son mandat normal, par un *Vice-Président ;* le *pouvoir législatif*, à un **Congrès**, qui comprend le *Sénat* (deux membres pour chaque État, quelle que soit sa population) et la *Chambre des Représentants* (nombre proportionnel, pour chaque État, à sa population) ; le *pouvoir judiciaire*, à une **Cour suprême ;**

2° Des *gouvernements d'États*, ayant chacun son **Gouverneur** élu et son **Parlement** (*Sénat* et *Chambre des Représentants*).

Il y a **47** *États* (sans compter les *Territoires*, administrés par le Gouvernement central).

Ces États, au nombre de 13 à l'époque de la fondation, se sont multipliés de deux façons :

1° Par la création de nouveaux États dans l'Ouest, à mesure qu'il se peuplait ;

Régions mont
COLOMBIE
Montagnes
GRANDES
Missou
Columbia
OREGON
SOULÈVEMENT
GRAND
Rocheuses
Sierra Nevada
Mts Wahsatch
BASSIN
PLAINES
SAN FRANCISCO
D
OCCIDENTAL
Plateau
du Colorado
PLAIN
RÉGION DU PACIFIQUE
Colorado
Presqu'île de Californie
TEXA
Plateau
du
Mexique
Rio Grande
Ch. Bonnesseur

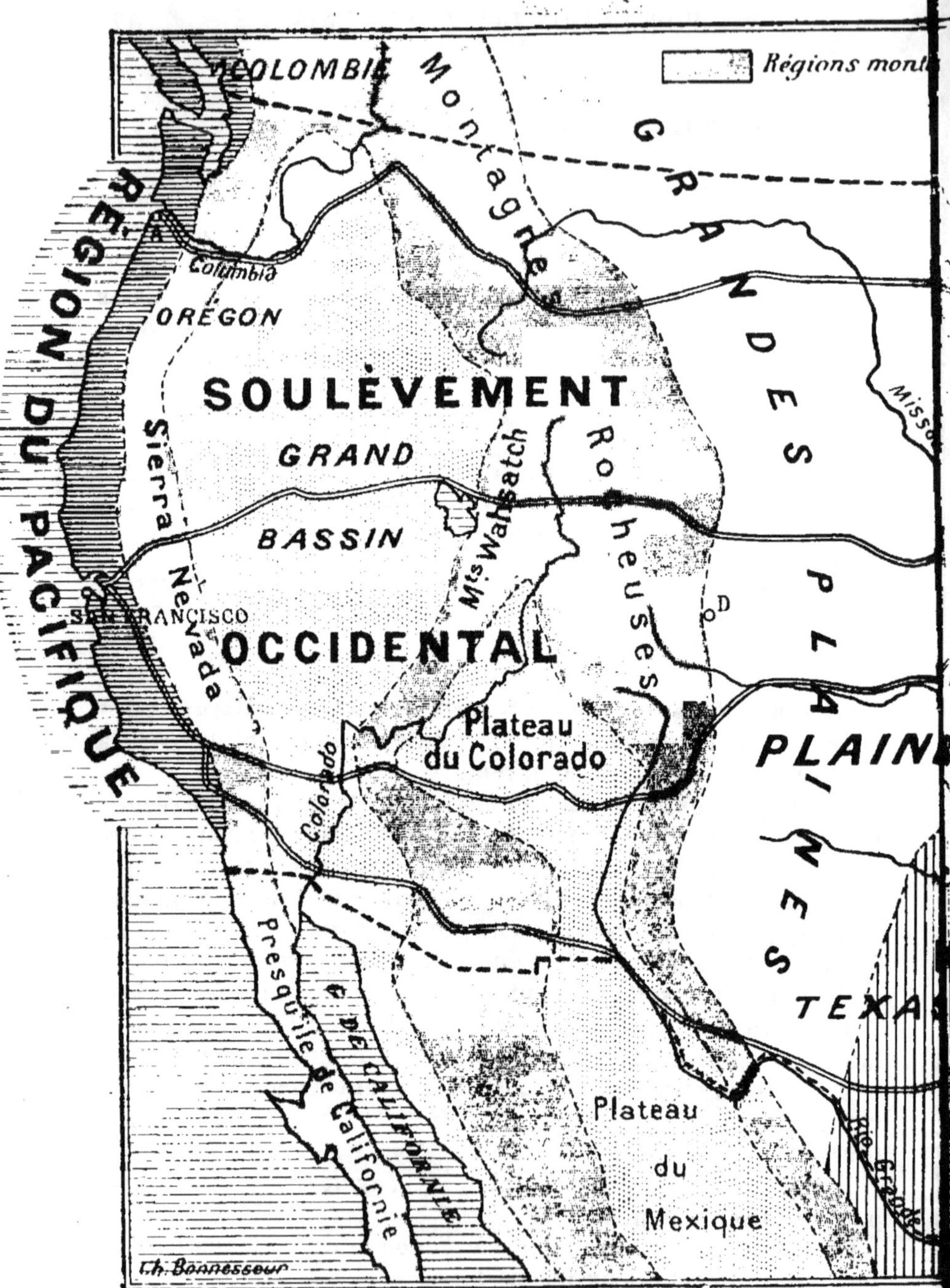

Fig. 23.

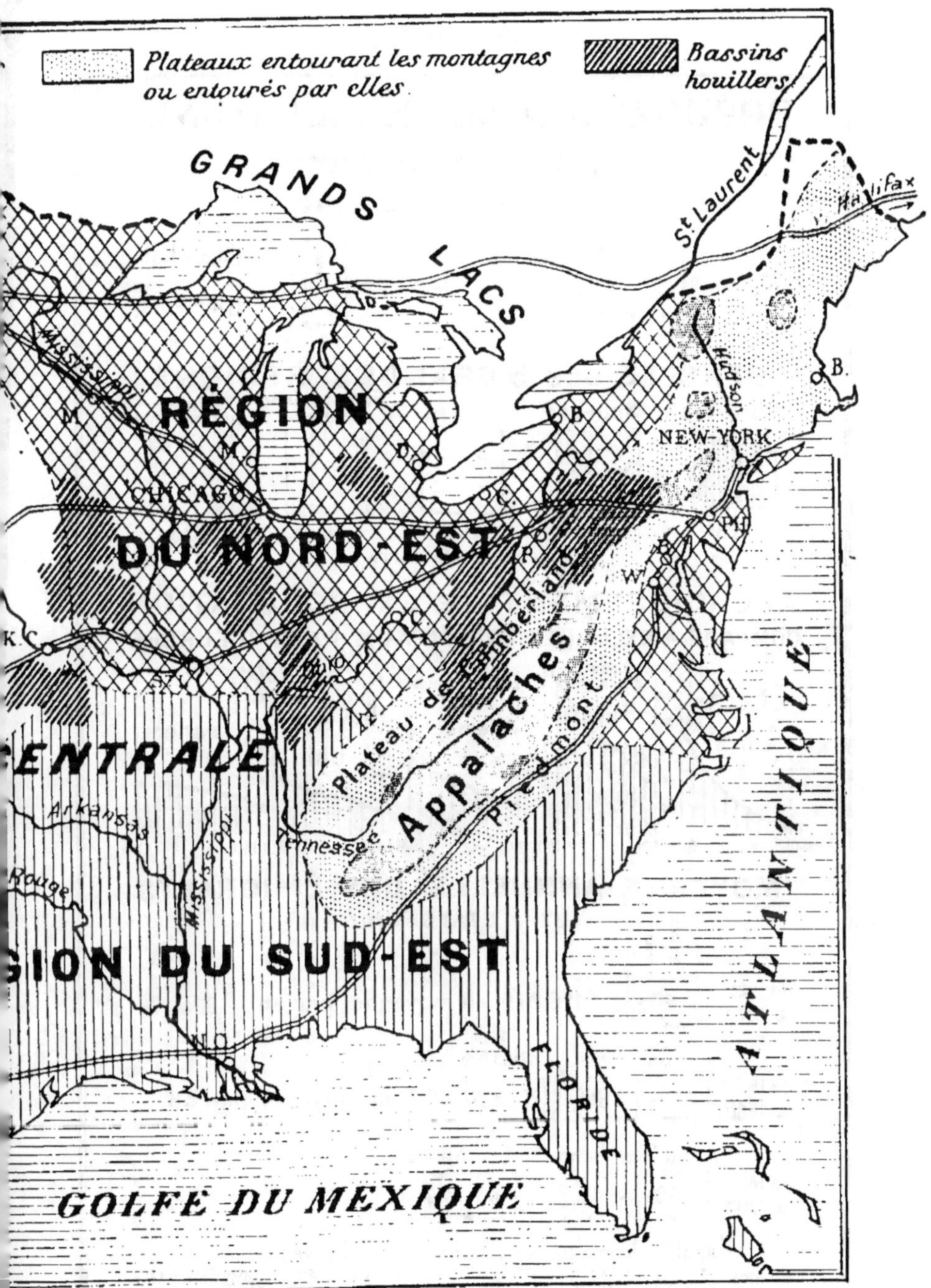

Plateaux entourant les montagnes ou entourés par elles.
Bassins houillers.
GRANDS LACS
St-Laurent
Halifax
Mississippi
RÉGION
DU NORD-EST
CHICAGO
NEW-YORK
Hudson
B.
K. C.
Arkansas
Tennessee
Mississippi
Rouge
Plateau de Cumberland
Appalaches
Piémont
CENTRALE
GION DU SUD-EST
ATLANTIQUE
FLORIDE
GOLFE DU MEXIQUE
-Unis.

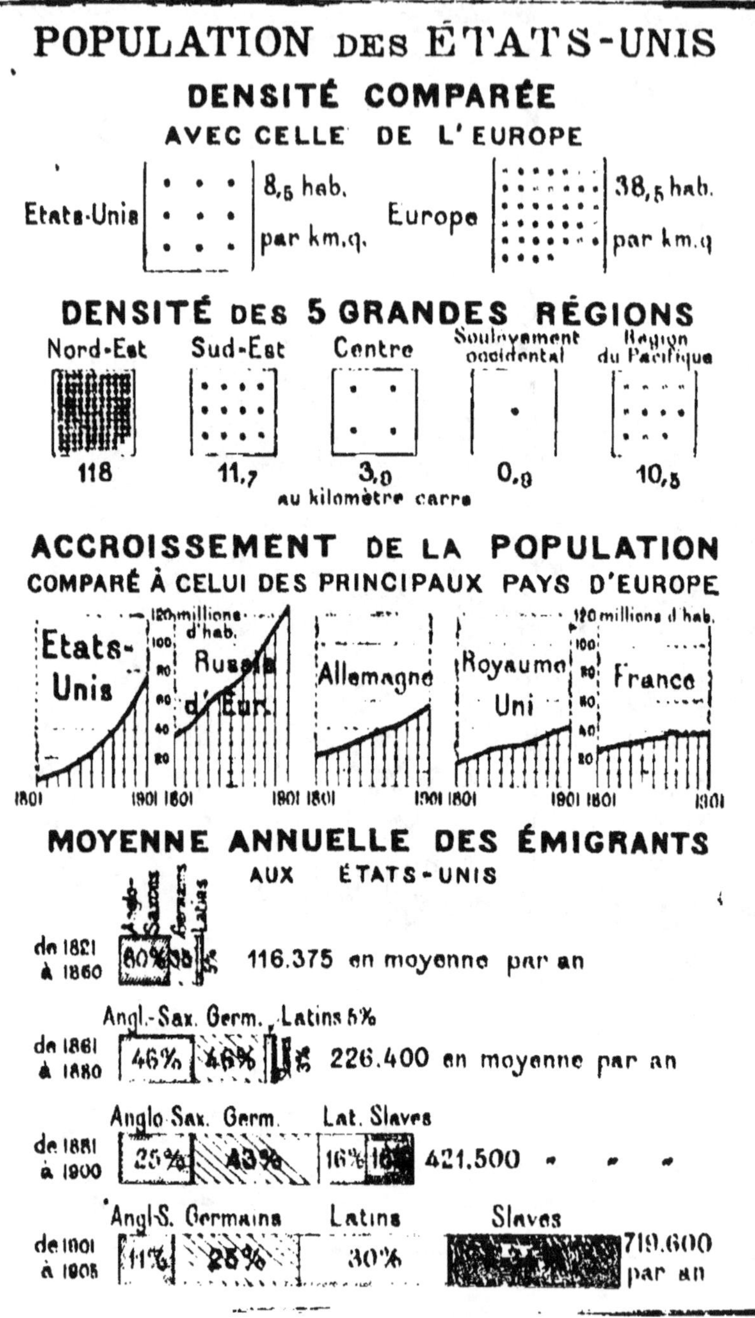

Fig. 24. — Population des États-Unis.

2° Par des acquisitions (conquêtes ou achats) faites sur l'étranger.

ÉTATS PRIMITIFS	ÉTATS CRÉÉS JUSQU'EN 1848.	ÉTATS CRÉÉS DEPUIS 1848.
Est. : Maine. Massachussets. Connecticut. Vermont. New Hampshire. Rhode Island. New York. New Jersey. Delaware. Maryland. Virginie { du Nord. du Sud. } Caroline { du Nord. du Sud. } Géorgie.	**Centre.** : Pennsylvanie. Kentucky. Tennessee. Ohio. *Louisiane*[1]. Indiana. Mississipi. Illinois. Alabama. Missouri. *Floride.* Arkansas. Michigan.	**Centre et Ouest.** : *Texas. Californie. Arizona. Nouveau Mexique.* Wisconsin. Minnesota. Iowa. Nebraska. Utah. Wyoming. Dakota N. Dakota S. Kansas. Nevada. Oregon. Washington. Montana. Idaho. Oklahoma.

172. La population des États-Unis, malgré une croissance rapide, est encore de faible densité. — Les États-Unis ont à l'heure actuelle 84 millions d'hab. Or, au début du siècle, ils en avaient à peine 5 millions.

Mais la densité moyenne est encore faible : les États-Unis ont la superficie des trois quarts de l'Europe ; leur population est cinq fois moindre. La densité est à peine de 9 habitants au kilomètre carré (Europe : 39).

173. Dans cette population, l'élément blanc est prépondérant. — Les quatre grandes races humaines sont représentées aux États-Unis, mais en proportions très inégales.

1° Les **Peaux-Rouges**, indigènes, n'ont jamais été très nombreux. Ils sont à peine aujourd'hui 200 000 et ne représentent pas 1/250 de la population. Ils sont cantonnés presque tous dans des *Territoires* du Centre.

1. Sont en italique les États acquis à l'étranger.

2° Les **Jaunes**, *Chinois* et *Japonais*, immigrants tempo-raires, sont un peu moins nombreux et localisés dans la région du Pacifique. Ils fournissent une main-d'œuvre peu coûteuse Contre leur concurrence, l'élément blanc a fait voter à plusieurs reprises des lois entravant l'immigration jaune.

3° Les **Nègres** et **Mulâtres**, descendants d'*anciens esclaves* importés d'Afrique, sont près de 9 millions et représentent plus du dixième de la population. Ils sont localisés dans la région tropicale. Ils sont mal vus de la population blanche.

4° Les **Blancs** constituent l'élément prépondérant (87 pour 100 de la population). Leur nombre augmente rapidement, plus encore par l'effet de l'immigration que par l'effet des naissances.

174. Les États-Unis sont le principal foyer d'appel pour l'émigration mondiale. — Pendant tout le XIX° siècle, les États-Unis ont attiré de nombreux émigrants.

Certaines *époques* ont marqué une recrudescence de l'immigration : 1° **Vers 1860** : découverte des mines d'or de l'Ouest; 2° **Vers 1880** : constitution définitive de la *grande industrie* et de la *culture intensive*; 3° **De nos jours** : *surpeuplement* de certaines régions européennes, où la main-d'œuvre est plus abondante que le travail (Italie, Autriche-Hongrie, Russie).

Les *éléments composants* de cette immigration ont varié, eux aussi, avec les époques :

1° Les **Anglo-Saxons** (*Anglais*, *Écossais*, *Irlandais*) ont longtemps fourni la majorité des immigrants. Aujourd'hui, leur importance relative dans le flot annuel des arrivants, où ils sont surtout représentés par des Irlandais, est moins grande. Mais ils constituent le fond de la population blanche, qu'ils ont dotée de leur *langue* et de leur *civilisation*.

2° Les **Allemands** sont aujourd'hui très nombreux, surtout dans les États du Nord-Est. Ils forment des colonies puissantes, très unies, mais adhérant franchement à la *nationalité américaine*, mais leur immigration actuelle est dépassée par celles des Italiens et des Slaves de Russie ou d'Autriche-Hongrie.

3° Les **Italiens** vont surtout dans les États du Centre comme agriculteurs ou comme ouvriers dans les usines de produits alimentaires.

4° Les **Austro-Hongrois** (*Galiciens*, *Ruthènes*, etc.), de même.

5° Les **Russes** (*Polonais*, *Petits-Russiens*) et les **Scandinaves**, de même.

L'élément français aux États-Unis est numériquement faible. Mais il s'augmente d'un million environ de *Canadiens Français* dans les États du Nord.

175. La population, tant urbaine que rurale, est très inégalement répartie. — Pays de grande industrie (et par conséquent de grandes agglomérations), pays de culture surtout extensive et mécanique (et par conséquent exigeant une population rurale moins dense que les pays de cultures plus soignées), les États-Unis ont une *population urbaine* très forte. Plus du quart des habitants sont concentrés dans des villes de plus de 25 000 habitants. *La population urbaine croît beaucoup plus rapidement que la population rurale.*

La population est **très inégalement répartie** :

1º La *Région du Nord-Est*, la plus proche de l'Atlantique, par où viennent les émigrants, la plus semblable par le climat aux régions d'où ils viennent, la plus riche en aptitudes industrielles et agricoles, est *la plus peuplée*. Sa densité de population se rapproche de celle des pays européens.

Elle possède la plupart des **grandes villes** des États-Unis :

Dans la région atlantique, **New York** (4 113 000 h.) avec ses annexes *Newkar et Jersey-City* ; **Philadelphie** (1 443 000 h.). **Boston** (602 000 h.), **Baltimore** (554 000 h.), *Washington* ; — Dans la région des Appalaches et des plateaux : *Cleveland, Buffalo, Pittsburg* ; — Dans le Nord de la Plaine Centrale (région des Grands-Lacs) : **Chicago** (2 049 000 h.), **Saint-Louis** (650 000 h.), *Cincinnati, Milwaukee, Detroit, Minneapolis*.

2º La *Région du Sud-Est*, plus agricole qu'industrielle, de cultures surtout tropicales, est assez peuplée. La population est peu agglomérée et les villes rares. La principale est la **Nouvelle-Orléans**, le port d'embouchure du Mississipi.

3º Le *Centre*, région d'élevage extensif, de plus en plus aride vers l'Ouest, est peu peuplé et l'est de moins en moins vers l'Ouest. Les villes sont rares : *Omaha-City, Kansas-City, Denver*.

4º Le *Soulèvement Occidental* est excessivement peu peuplé, sauf dans les *régions minières*.

5º La *Région du Pacifique*, aux produits méditerranéens, a, malgré sa situation excentrique, une densité au-dessus de la moyenne et de nombreuses villes. La principale est **San-Francisco**.

III. — LA VIE ÉCONOMIQUE DES ÉTATS-UNIS

Les États-Unis sont un des foyers économiques les plus puissants et les plus complets du monde. Ils sont loin, pourtant, d'avoir atteint la limite de leur capacité de production.

*
* *

Parmi les caractères de l'industrie des États-Unis, il en est un qui est purement *économique*, nullement *géographique*, mais qui exerce une trop grande influence sur la vie du pays pour que la géographie l'ignore : ce sont les **trusts**. On appelle ainsi des compagnies, douées de *capitaux* puissants, qui **monopolisent** la production de certaines matières (pétrole), la fabrication de certains objets (rails), l'exploitation de certains services (chemins de fer d'une région), soit en achetant toutes les matières premières, soit en tuant la concurrence par la production en gros et l'avilissement excessif des tarifs.

176. Aux Etats-Unis, les communications par voies ferrées sont les plus importantes. — Les États-Unis ont de nombreuses *voies navigables*, mais :

1° Une seule région est véritablement bien desservie à ce point de vue : c'est la *Plaine Centrale*, avec les **Grands Lacs** et le réseau du **Mississipi** ; les *fleuves côtiers* ne rendent des services que par leurs **estuaires**, qui abritent les principaux port ;

2° Le réseau du Mississipi favorise les communications *entre Nord et Sud*. Or, c'est surtout entre l'Ouest et l'Est que le courant économique est fort.

Les *voies ferrées* ont pallié ce défaut naturel. Les États-Unis ont 334 000 kilomètres de chemins de fer, soit plus que l'Europe relativement à la superficie. Quatre **lignes transcontinentales** les traversent d'Est en Ouest, entre Atlantique et Pacifique : le *Nord-Pacifique*, le *Central-Pacifique*, l'*Atlantique-Pacifique*, le *Sud-Pacifique*.

Ces voies ferrées ont influé sur le peuplement : c'est sur leurs bords que se sont bâties les villes des régions peu peuplées du Centre.

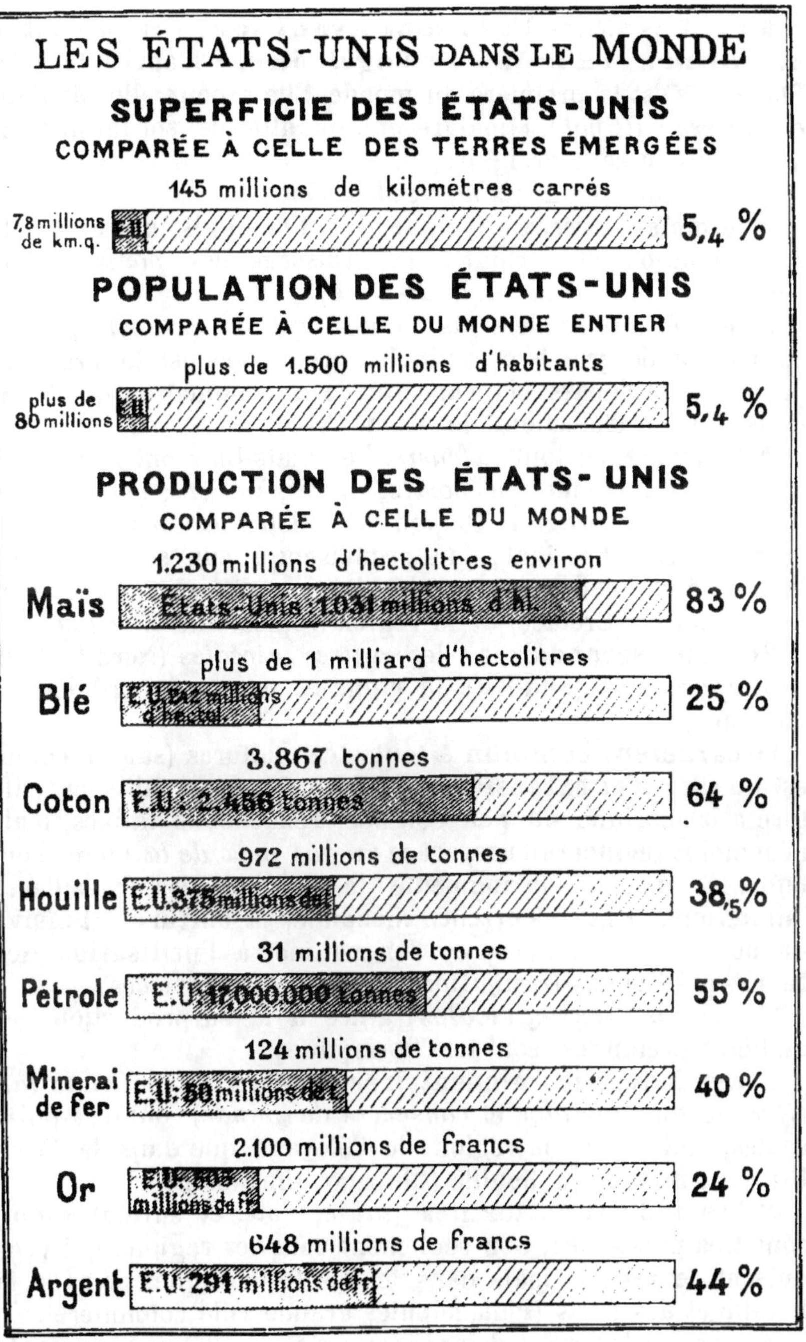

Fig. 25. — Production des États Unis comparée à celle du monde.

177. Les États-Unis sont avant tout un pays d'agriculture et d'industries agricoles. — L'agriculture des États-Unis est la première du monde. Elle a pour elle l'*étendue des terres cultivables* (malgré une quantité de sol inutilisable supérieure à celle de l'Europe).

Les *grands produits agricoles* sont :

1° le **maïs**, la céréale typique des États-Unis, qui sert à la consommation et surtout à l'engraissage des *porcs*. Région d'élection : le *Sud des Grands-Lacs* ;

2° le **blé**, aux rendements faibles (*culture extensive*), mais cultivé sur de grands espaces. La production est la première du monde et dépasse la capacité de consommation des habitants. Région d'élection : le *Nord-Est* ;

3° l'**élevage**, surtout *extensif*. Les États-Unis ont le premier troupeau du monde en *bœufs*, *porcs*, *mulets* ; l'élevage du *mouton* est en progrès. Région d'élection : le *Centre* ;

4° le **coton**. Les États-Unis produisent à eux seuls plus de la moitié du coton du monde. Région d'élection : certaines *terres noires* (Crétacé) de la région tropicale du *Sud-Est*.

Produits secondaires : les *autres céréales* (Nord-Est), la *canne à sucre* (Sud-Est), la *vigne* et les *fruits* (région du Pacifique).

Le *caractère commun* à toutes ces cultures (sauf le coton) est qu'elles sont **extensives** : grandes étendues cultivées, culture à la machine ou peu soignée, rendements faibles, mais néanmoins rémunérateurs, grâce au *bas prix de la terre*. Toutefois, à mesure qu'augmente le nombre des travailleurs immigrants et la concurrence mondiale, la **culture intensive** gagne sur la première, et l'on se met à l'utilisation des **terres médiocres** (*irrigation*) jusqu'alors méprisées.

Les *industries agricoles*, grâce à la surproduction des matières premières, sont très florissantes.

1° Les **industries alimentaires** (*minoterie, industrie laitière*, surtout *abatage et conserves de viande*) sont très puissantes, moins dans la région de l'élevage que dans le Nord-Est, plus près de la houille (Chicago, Cincinnati).

2° Les **industries textiles** (*laine, soie*, et surtout *coton*) sont très puissantes, non seulement dans les régions qui produisent le textile, mais dans le Nord-Atlantique, près de la houille et des ports (Philadelphie, grande ville cotonnière).

En somme, les *grandes régions de production agricole*

sont le *Nord-Est*, le *Sud-Est*, et les *régions humides du Centre*.

178. Les États-Unis sont un des premiers pays du monde grâce à la richesse de leur sous-sol. — Les États-Unis ont la masse la plus considérable et *la plus complète* de ressources minières qui soit au monde (V. 135)

1° Les *industries extractives* occupent le premier rang dans le monde pour les **minéraux utiles** : *houille, pétrole* et *fer*. La région la plus avantagée à ce point de vue est le *Nord-Est*. Les États-Unis occupent un rang très honorable pour les **minéraux précieux** : *or* et même *argent*. La région la plus avantagée est le *Soulèvement Occidental*.

2° Les *industries métallurgiques* (fonte, acier, machines, rails) sont surtout groupées au *Nord-Est* (Pittsburg et Cleveland).

La plus grande région d'industrie, tant agricole que métallurgique, est donc le Nord-Est (la région la plus peuplée).

179. Les États-Unis exportent beaucoup plus qu'ils n'importent. — Le commerce des États-Unis est le troisième du monde. Grâce à leurs *produits multiples* (qui leur permettent de presque se suffire à eux-même en tout) et à des *tarifs douaniers* très élevés, les exportations l'emportent sur les importations et croissent beaucoup plus vite qu'elles.

Les États-Unis exportent : des *produits alimentaires* (à l'état naturel ou transformés), des *produits de leurs mines* et des *produits manufacturés*; les premiers, surtout dans les pays industriels de l'Europe; les seconds et les troisièmes, surtout dans l'Amérique du Sud ou en Extrême-Orient.

Les États-Unis importent des *matières premières* (soie, laine, caoutchouc), d'Amérique du Sud, d'Australie et d'Extrême-Orient; des *matières alimentaires* (café, sucre, vin), d'Amérique du Sud et de France; des *produits manufacturés* (produits chimiques, cotonnades, soieries, articles de Paris), d'Allemagne, d'Angleterre et de France.

Leurs relations commerciales sont surtout actives avec l'*Angleterre*, l'*Allemagne* (qui leur achètent plus qu'elles ne leur vendent), la *France* (qui leur vend plus qu'elle ne leur achète), le *reste de l'Amérique* et l'*Extrême-Orient*.

Les grands ports sont **New York**, le premier port du monde, *Boston, la Nouvelle-Orléans, Philadelphie, Baltimore et San-Francisco*.

IV. — L'IMPÉRIALISME AMÉRICAIN

L'impérialisme américain se manifeste par le protectionnisme économique, l'application d'un programme colonial et l'affirmation d'une politique mondiale.

****

Les dates suivantes marquent les étapes de la formation de l'*impérialisme* américain : *1823.* Proclamation de la *doctrine de Monroë* ; —*1890. Tarif Mac-Kinley* ; — *1897. Tarif Dingley* ; — *1898.* Guerre coloniale contre l'Espagne ; — *1906.* Congrès *panaméricain* de Buenos-Aires.

180. Les États-Unis sont à la tête du mouvement panaméricain. — Les États-Unis constituent la première puissance de l'Amérique, par la population, la force militaire et la prospérité économique.

Dès 1823, ils ont déclaré que l'Amérique était majeure et que les questions intéressant l'Amérique devaient être traitées entre Américains (*doctrine de Monroe*).

Ils ont affirmé et développé cette théorie en intervenant dans les conflits franco-mexicain (1867) et hispano-cubain (1898). Ils *protègent* la jeune république de Cuba.

Ils ont joué un rôle prépondérant au *Congrès panaméricain* de Buenos-Aires (1906). Ils tendent aussi à faire de l'**Amérique** un **monde politique** homogène.

181. Les États-Unis sont protectionnistes. — Ayant presque l'étendue et la variété de productions de l'Europe, les États-Unis prétendent se suffire à eux-mêmes et frappent de *tarifs douaniers* très élevés (bills Mac-Kinley et Dingley) l'entrée des produits manufacturés d'Europe.

D'autre part, ils développent leur commerce avec les jeunes États de l'Amérique du Sud, leur achetant leurs produits agricoles, leur fournissant leurs produits industriels. Ils tendent ainsi à faire de l'**Amérique** un **monde économique** autonome.

182. Les États-Unis ont une politique coloniale. — Non contents de fermer le Nouveau-Monde à l'action de l'Europe, les États-Unis prétendent, tout comme elle, *intervenir* et *coloniser* non seulement en Amérique, en Asie, mais en Afrique, en Océanie.

Ils ont des *comptoirs commerciaux*, des *nationaux* et des *consuls* dans le monde entier.

Ils ont un *empire colonial*, qui comprend :

1° l'**Alaska**, au N.-O. de l'Amérique du Nord, pays de *pêche*, de *chasse* (fourrures) et de *mines d'or*;

2° **Porto-Rico**, dans les Antilles, qui produit du *café*, du *tabac* et de la *canne à sucre*;

3° les îles **Hawaï**, cap. *Hanolulu*, port d'*escale* important ; peuplées surtout de *Jaunes*, travailleurs agricoles (café, riz, bananes);

4° et surtout les **Philippines**, grand archipel d'*Extrême-Orient*, intermédiaire, par sa situation (grand archipel en bordure de t'Asie), sa structure (construction surtout volcanique), son climat (tropical) et ses productions (*forêts* très touffues, à peine défrichées ; tabac, chanvre de manille, riz, coton, etc.), entre les Indes Néerlandaises et le Japon. Les principales îles sont *Luçon*, *Mindanao*, et le groupe des *Soulou*.

Ayant une population nombreuse et active de *Malais*, (6 987 000 h. pour la plupart christianistes), mais laissées en friche par leurs anciens possesseurs espagnols, les Philippines (cap. **Manille**, 220 000 h.) ont de merveilleuses aptitudes agricoles (*riz*, *coton*, *tabac*, *chanvre de Manille*, *canne à sucre*) et industrielles (mines de *houille* et de *fer* non encore exploitées)

Les États-Unis prétendent en faire une des puissances économiques de l'Extrême-Orient et leur base d'action dans cette région du monde. Manille est déjà un port américain important.

Les États-Unis deviennent de plus en plus une **puissance asiatique** et leur action dans l'Océan Pacifique balance celle des plus puissants États coloniaux.

L'AMÉRIQUE DU SUD

I. — LES ÉTATS-UNIS DU BRÉSIL

Les États-Unis du Brésil sont très étendus et doués d'aptitudes agricoles très variées. Mais ils souffrent du manque de houille et surtout du manque d'hommes.

L'Amérique du Sud fut jadis constituée par une *plate-forme primaire*, analogue à celles de l'Afrique, du Dekkan et de l'Australie Les témoins de cette plate-forme constituent, au Sud du Brésil, le plateau brésilien, et au Nord, en dehors de son territoire, le plateau des Guyanes. Au centre de cette plate-forme, une *dépression* immergée fut occupée par des *sédiments secondaires* et *tertiaires*; émergée, grâce à un mouvement du sol, elle a produit l'Amazonie. Enfin, à l'Ouest, de puissants *plissements secondaires et tertiaires* ont produit les Andes, qui constituent la bordure occidentale de toute l'Amérique du Sud.

183. L'immense territoire du Brésil comprend deux régions naturelles : l'Amazonie et le Plateau Brésilien. — Le territoire du Brésil a 8 330 000 kmq., soit près de la moitié de l'Amérique du Sud. Il comprend deux régions naturelles.

1° **L'Amazonie**, ou *Plaine de l'Amazone*, est un vaste bassin de sédiments secondaires et tertiaires, parfaitement horizontaux, dominé au N. et au S. par le *Plateau des Guyanes* et le *Plateau Brésilien*, et à l'O. par les *Andes*.

Son climat équatorial est caractérisé par une *chaleur continue* et par des *pluies très abondantes* (4 m. par an), réparties en deux saisons (février-mai, août-septembre).

L'Amazone la couvre entièrement de son réseau. C'est un des fleuves les plus longs et le fleuve le plus abondant du monde (80 000 m. c. de débit moyen). Ses affluents principaux sont : le *Yapura*, le *Purus*, le *Rio Negro*, le *Madeira*, le *Tapajoz* et le *Xingu*.

Dénuée de richesses minérales, l'Amazonie est tout entière couverte par la forêt équatoriale (*selva*), très riche en espèces et en individus (bois précieux, caoutchouc, essences médicinales), mais de pénétration très difficile.

Fig. 26. — Brésil.

2° Le *Plateau Brésilien*, haute terre non plissée, comprend toutefois, *à l'Est*, une série de hauteurs tabulaires, découpées par l'érosion et alignées du Sud-Ouest au Nord-Est, parallèlement à la côte : la principale est la *Serra do Espinhaco*. *A l'Ouest*, il est constitué par un plateau horizontal, s'inclinant vers l'intérieur, le *Matto-Grosso*.

Par l'effet du relief, presque tous les cours d'eau coulent

vers le Nord (Amazone, Tocantins) ou vers le Sud (Rio de la Plata). Seul le *Sao Francisco*, traversant les sierras, aboutit à la côte du plateau.

Le **climat** et la **végétation** varient de l'Est à l'Ouest. *Dans les régions des Sierras*, la température est assez modérée et les vents alizés apportent de la mer des pluies régulières et abondantes. D'où une végétation assez riche et la possibilité de faire réussir toutes les cultures : cultures tropicales au Nord (plus près de l'Équateur), cultures méditerranéennes au Sud. — *Dans la région du Matto-Grosso*, la température est plus élevée et les pluies beaucoup plus rares; il est couvert soit par les *llanos*, ou savanes herbeuses, soit par des steppes presque désertiques (région du *Chaco*).

184. Le Brésil est très peu peuplé. — Ancienne colonie portugaise devenue Empire indépendant en 1822 et République fédérale en 1891, les États-Unis du Brésil sont très peu peuplés : 17 440 000 habitants, soit 2 habitants en moyenne par kilomètre carré.

Cette population comprend *quatre éléments* :

1° les **indigènes** (un million et demi environ), Indiens Peaux-Rouges, réfractaires à la civilisation, localisés dans les régions inexploitées de la selva amazonienne et du Matto-Grosso;

2° les **nègres** (4 millions et demi environ), descendants d'esclaves importés d'Afrique, tous libres depuis 1888, groupés dans les régions septentrionales (les plus chaudes) du plateau;

3° les **métis** (2 millions environ), résultant surtout de croisements entre nègres et Portugais, bien adaptés au climat, formant l'élément le plus laborieux des régions chaudes exploitées (bords de l'Amazone, Nord du plateau).

4° les **blancs** (10 millions environ), dont l'importance numérique augmente rapidement grâce à une *émigration* de plus en plus considérable. Aujourd'hui canalisée entièrement vers les terres à cultures du plateau, elle a d'abord compris une majorité d'Allemands; aujourd'hui les **Italiens** sont les plus nombreux (1 400 000), devant les Allemands, les *Portugais*, les *Espagnols* et les *Slaves*; mais leur immigration se ralentit.

Partout très clairsemée, cette population est pourtant *très inégalement répartie* :

1° L'*Amazonie* et le *Matto-Grosso* sont presque déserts : 0,08 h. au kilomètre carré.

2° La *région orientale du plateau* et la *côte* sont plus peuplées. C'est là que sont les grandes villes : Rio de Janeiro

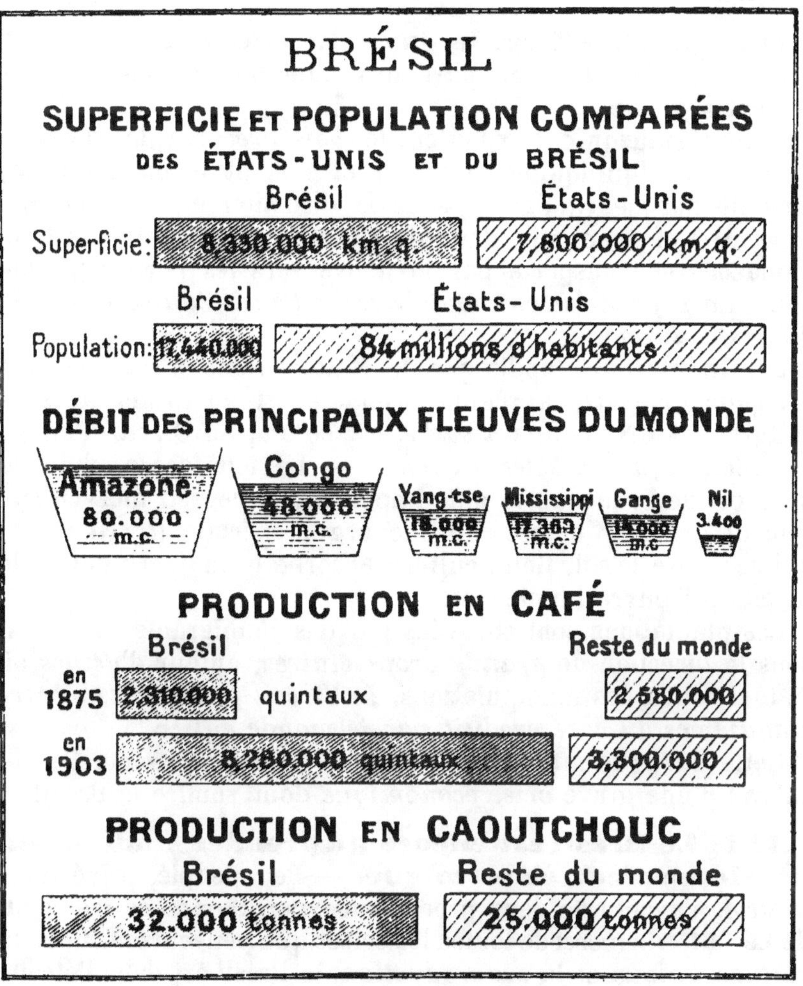

Fig. 30. — Brésil : caractères généraux et productions.

(811 000 h.), *Bahia, Pernambouc*, Sao-Paulo (332 000 h.), *Ouro-Preto, Porto-Alegre, Belem* ou *Para*.

185. Le Brésil n'a pas d'industrie. — Les luttes intestines, jusqu'au milieu du XIX° siècle, et, jusqu'à nos jours, le manque de houille, de capitaux et surtout de main-d'œuvre, ont entravé au Brésil l'essor de l'industrie.

La seule exploitation importante est celle des **minerais précieux** : *or* et *diamants* (Minas Geraès). Toutes deux sont en décadence.

186. Le Brésil est le pays du caoutchouc et du café. — Le Brésil est un pays de production presque exclusivement agricole.

Dans l'Amazonie s'exploitent les *bois précieux*, les *essences médicinales* (quinquina, quinine) et surtout le *caoutchouc*, recueilli par des indigènes sous la direction de *seringueros*, concentré et manipulé dans des *factoreries* sur le bord de l'Amazone et transporté par le fleuve vers les ports exportateurs. *La production en caoutchouc du Brésil équivaut à celle du reste du monde.*

Sur le plateau, tandis que le Matto-Grosso n'est bon qu'à l'*élevage extensif*, la région orientale est un grand pays de cultures : au N., *canne à sucre, riz, coton*; au C., *café*; au S., *céréales, vigne* et *bêtes à cornes*. — De tous ces produits le *café* est de beaucoup le plus important. Il réussit merveilleusement grâce au climat et à une argile spéciale (*terra rossa*) qui recouvre le sol. Cette culture absorbe la majeure partie de la main-d'œuvre immigrante.

Les plantations sont cultivées par des immigrants *fermiers*, sous la direction de *grands propriétaires*, autour d'*usines* où se font toutes les manipulations. *Le Brésil fournit les quatre cinquièmes du café produit par le monde entier.*

Cette surproduction est cause de la *mévente* actuelle du café et d'une grave *crise économique* dont souffre le Brésil.

187. Le Brésil est encore au premier stade de son développement économique. — Peu peuplé, privé d'industrie, n'ayant que deux produits d'exportation et se trouvant, de ce fait, à la merci de toutes les crises que peuvent entraîner la *culture unique* et la *surproduction*, le Brésil est dans l'étroite dépendance des grands marchés du monde et sa situation financière est encore précaire.

Il lui faut importer de la houille, des produits manufacturés et des produits alimentaires. Il n'exporte que du café et du caoutchouc.

Son avenir dépend de son peuplement, par conséquent de l'immigration.

II. — LA RÉPUBLIQUE ARGENTINE

La République Argentine est actuellement le premier État de l'Amérique du Sud. Sa seule richesse lui vient de ses produits et de ses industries agricoles.

***

La géologie de la **pointe méridionale** de l'Amérique du Sud diffère de celle de la région centrale. Le *plateau primaire* a presque entièrement disparu, et l'on y trouve seulement, juxtaposées : à l'Ouest, la chaîne plissée des Andes, au *versant abrupt* tourné vers le Pacifique ; à l'Est, une vaste plaine sédimentaire, vers laquelle les Andes ont leur *versant doux* et qui s'incline elle-même doucement vers l'Atlantique. Au Sud, le plateau de la Terre de Feu est en grande partie d'*origine volcanique*.

188. La Plaine Argentine comprend le Chaco, la Pampa et la Patagonie, trois régions d'aptitudes uniquement agricoles. — La République Argentine (2 952 000 kmq., 6 fois la France) a la plus grande partie de son territoire constituée par une *plaine* adossée aux Andes, qui comprend du N. au S. :

1° le **Chaco**, au sol d'argile imperméable, au climat chaud (latitude tropicale) et sec, aux *lagunes* salées et frangées de sel, à la végétation de *steppe* ;

2° la **Pampa**, au sol recouvert de limons épais et fertiles, à la température moins élevée et plus variée (hivers assez froids), aux pluies très suffisantes dans la région maritime ; région de *prairies*, favorable à toutes les *cultures* ;

3° la **Patagonie**, plus haute et se terminant au Sud par la *Terre de Feu*, d'origine volcanique ; climat beaucoup plus rude, propre seulement à l'élevage excessif.

Cette plaine n'a que très peu de richesses minérales ; seul, le versant argentin des Andes a quelques mines (or, argent, cuivre, houille, pétrole). — Mais, *partout où les pluies sont suffisantes*, le sol de la pampa a de merveilleuses *aptitudes agricoles* : *cultures tropicales*, au Nord ; *produits des régions tempérées*, au Centre ; *élevage*, au Sud et à l'intérieur

Les *cours d'eau* forment trois groupes :

1º **L'intérieur**, sec, a des rivières qui se perdent dans des lagunes salées : *Laguna blanca*, *Laguna colorada*.

2º **Le Sud** est sillonné, d'Ouest (Andes) en Est, par des rivières directes, torrentielles et peu navigables : *Rio Negro*, *Rio Colorado*.

3º **Au Nord-Est**, coule le *Rio de la Plata*, véritable bras de mer pénétrant dans les terres (30 à 50 km. de large), formé par le **Parana** et l'**Uruguay**. Son débit est énorme. Il constitue l'artère vitale du pays.

189. La population de l'Argentine est peu dense, malgré une abondante émigration. Elle est surtout concentrée dans la région du Rio de la Plata. — Ancienne colonie espagnole, devenue *République fédérale* (14 provinces) entre 1810 et 1820, la République Argentine a vu longtemps son peuplement et sa prospérité entravés par des *luttes intestines* et par des *guerres* contre ses voisins (Paraguay, Uruguay, Chili). Ces causes de malaise ont aujourd'hui disparu.

La population de l'Argentine est encore peu dense : 5 974 000 hab., 2 au kilomètre carré. Elle comprend :

1º des **Peaux-Rouges** indigènes, en petit nombre, jadis soumis par les Espagnols : *Guarani*, *Quichua*, *Araucans*, *Fuégiens* ; ils sont demeurés sauvages ;

2º des **Espagnols purs**, en très petit nombre, descendants des anciens colons ; ils ont donné au pays leur *langue* et leur *religion* (catholicisme) ;

3º des **Gauchos**, résultant de croisements entre Peaux-Rouges et Espagnols ; ils forment encore la majorité de la population ;

4º des **immigrants** récents, très nombreux. Ils sont attirés dans l'Argentine par la fertilité du sol et par les facilités d'adaptation que leur offre un climat semblable à celui de l'Europe méridionale. Les plus nombreux sont de beaucoup les **Italiens** et les **Basques** français ou espagnols ; puis, les *Allemands*.

Cette population, très inégalement répartie, est concentrée presque entièrement dans la *région du Rio de la Plata*, la plus favorisée au point de vue des productions et des communications. C'est là que se trouvent la plupart des grandes villes : **Buenos-Aires** 1 102 000 h.), la première ville de l'Amé-

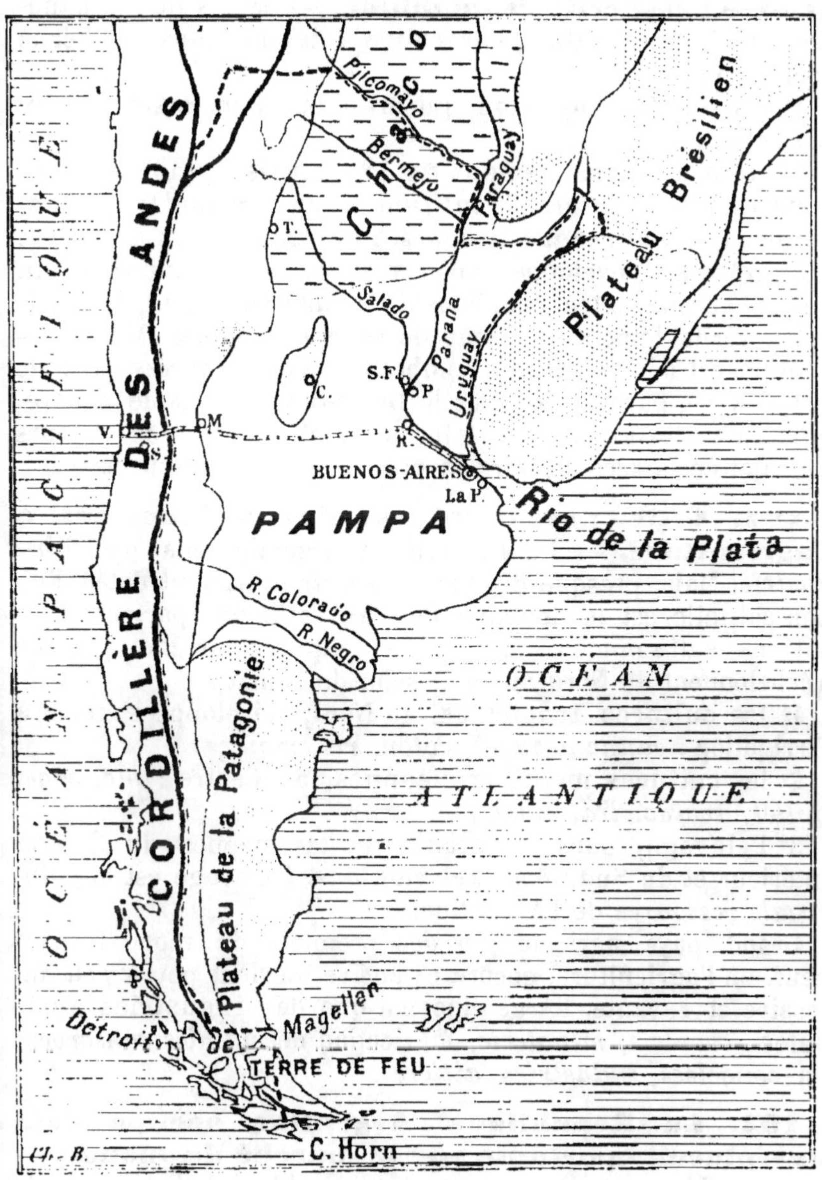

Fig. 31. — République Argentine.

rique du Sud, *Rosario, La Plata, Tucuman, Cordoba, Santa-Fé, Mendoza, Parana.*

190. La République Argentine jouit déjà d'une grande prospérité économique. — Depuis que la situation politique est calme, l'Argentine a développé sa prospérité économique :

1° grâce à l'**immigration**, qui lui a fourni une main-d'œuvre agricole abondante ;

2° grâce au **morcellement de la propriété**, jadis uniquement composée de grands *latifundia*, aujourd'hui fragmentés en lots, qui sont *vendus* ou *loués* à des travailleurs agricoles ;

3° grâce au développement des **voies de communication**, qui ont permis le lent peuplement de l'intérieur. Seul, le Nord-Est a véritablement un réseau de *voies navigables*. Mais l'Argentine est déjà dotée de nombreuses *voies ferrées* (près de 20 000 km.), parmi lesquelles le *transandin*, presque achevé, qui unira Buenos-Aires à Valparaiso, et abrégera de 12 jours le trajet de la seconde vers la première et vers l'Europe.

191. Cette prospérité est due uniquement à l'agriculture. — La République Argentine n'a pas d'*industrie*. Mais, presque dénuée de *forêts* et partout dotée d'un bon sol, elle est le domaine de l'*agriculture*, partout où ce sol est suffisamment arrosé. Les cultures qu'elle possède s'échelonnent du Nord au Sud, selon le climat :

1° les **cultures tropicales**, au Nord, développées grâce à l'irrigation : *canne à sucre, coton, riz, maïs* ;

2° les **cultures méditerranéennes**, au Centre : *blé, orge, millet, avoine, lin, vigne* ;

3° l'**élevage**, dans les prairies et les steppes du Centre-Intérieur et du Sud : *bœufs* et *moutons*. L'élevage est la *principale ressource* de l'Argentine.

Grand pays agricole (un des premiers du monde), pays neuf, où l'agriculture, encore extensive, devient peu à peu intensive et savante, l'Argentine n'a que des **industries agricoles** : *sucrerie, minoterie*, fabrication de *viandes conservées* ou *congelées, industries laitières*.

192. La République Argentine occupe déjà une place importante sur le marché du monde. — Peu peuplée, ayant un excès considérable de produits agricoles, n'ayant presque aucun produit industriel, l'Argentine entretient un commerce actif avec les pays industriels de l'Amérique du Nord et de l'Europe Occidentale.

Elle exporte : ses *produits alimentaires* (blé, viande), ses *laines* et ses *cuirs* aux États-Unis, en Angleterre, en Allemagne, en France.

Elle importe : des *produits manufacturés* d'Allemagne, d'An-

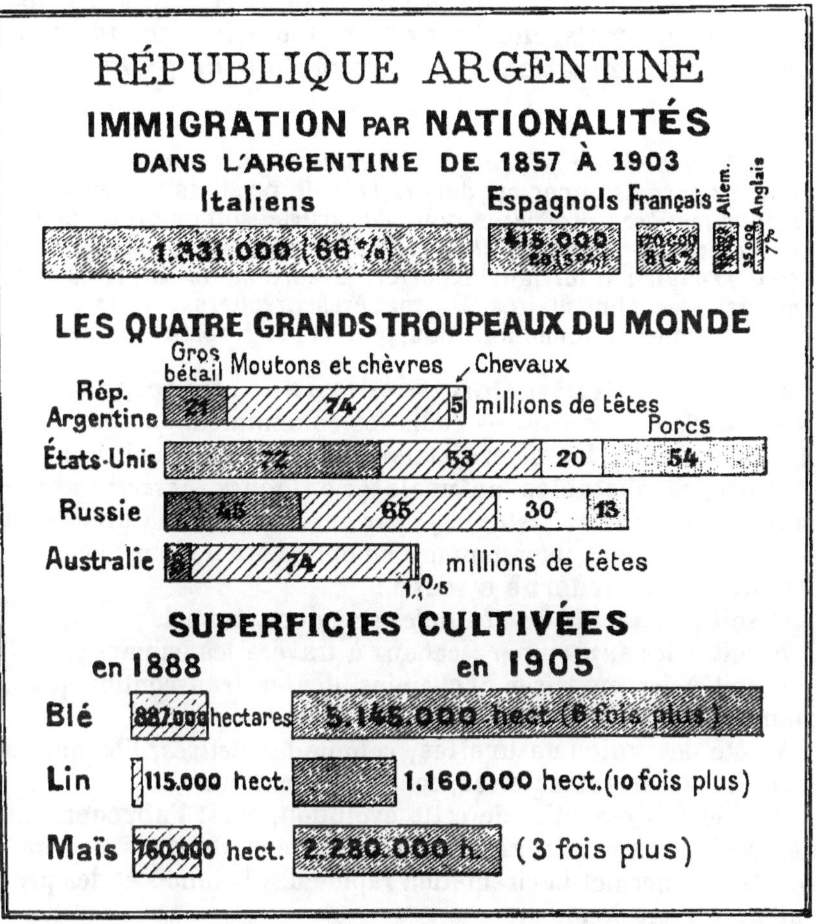

Fig. 32. — République Argentine : population et productions.

gleterre et de France, des *machines agricoles* des États-Unis, des *vins* de France et d'Italie, des *articles de Paris*.

Son commerce dépasse 2800 millions de fr. et croît sans cesse.

Malgré son faible peuplement et grâce à sa spécialisation agricole, l'Argentine est déjà une puissance économique.

CONCLUSION
LES GRANDES VOIES DE COMMUNICATION

De grandes voies de communication, triomphant des obstacles naturels, mettent en rapport les grands centres de consommation et de production du globe.

*****

Aucun État moderne ne peut produire tout ce qu'il consomme : il lui faut s'approvisionner au dehors, soit de produits alimentaires, soit de matières premières pour l'industrie, soit de produits manufacturés. — *Aucun État moderne ne peut consommer tout ce qu'il produit* : il lui faut exporter le surplus de sa production en matières alimentaires, en matières premières. — De là l'intérêt de voies de communication, pour la géographie économique.

193. La civilisation moderne a triomphé des obstacles naturels. — Jadis les communications par terre et par eau entre les divers États étaient plus ou moins entravées par les **obstacles naturels** (*montagnes, déserts, précipices, grandes mers, isthmes*); par eux, les voies naturelles ou artificielles étaient interrompues ou obligées à de longs détours.

L'industrie moderne a réussi :

1° soit à *franchir les obstacles* : viaducs, tunnels ;

2° soit à *les supprimer* : canaux à travers les isthmes ;

3° soit à *les mépriser* : chemins de fer transcontinentaux, grandes lignes transocéaniques.

A côté des **voies naturelles**, comme les *fleuves*, l'homme a créé des **voies artificielles**, comme les *canaux*.

Mais le fait essentiel de cette évolution, c'est l'**abrégement des distances** par la rapidité des moyens de transport modernes, qui permet la circulation rapide des hommes et des produits à travers le monde.

Ainsi les communications deviennent de *plus en plus directes* et de *plus en plus rapides* entre les centres de production et de consommation, dont les quatre principaux sont :

1° l'Europe Occidentale ;

2° l'Amérique du Nord ;

3° l'Amérique du Sud ;

4° l'Extrême-Orient.

194. Les réseaux ferrés des différentes parties du monde ne sont pas tous au même stade de

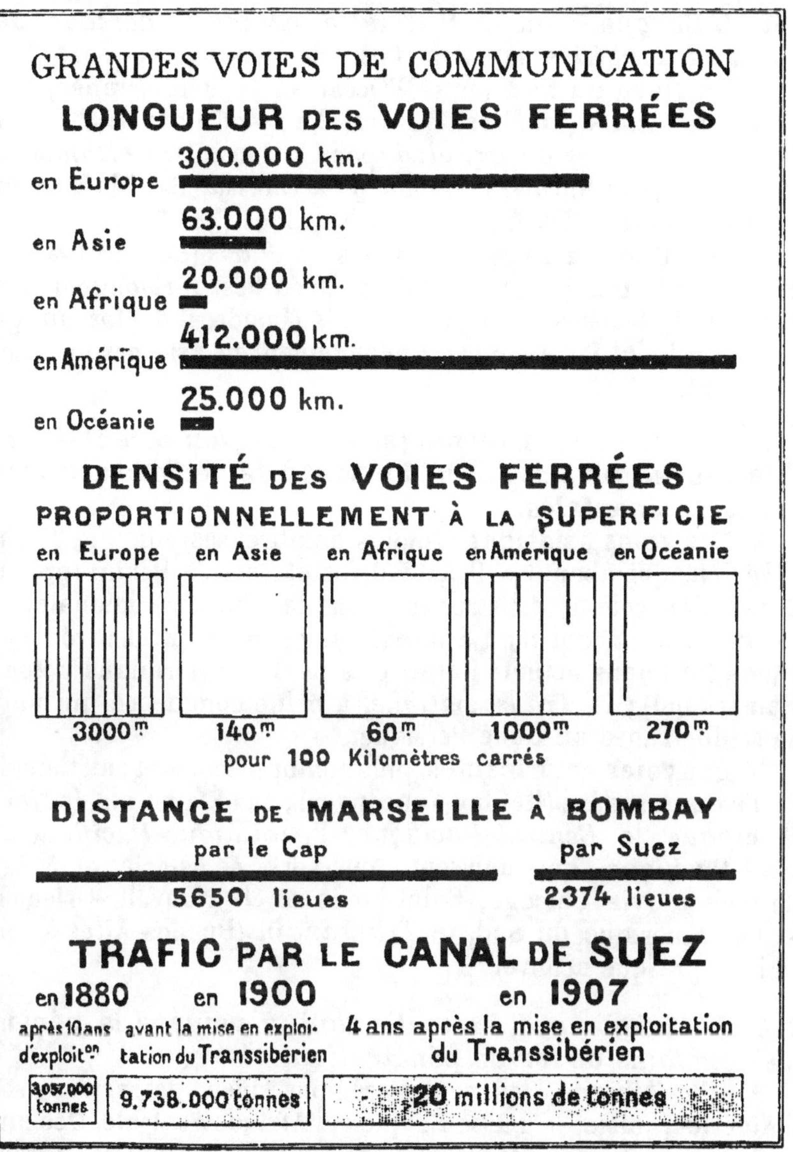

Fig. 32. — Grandes voies de communication.

leur évolution. — Les lignes ferrées actuellement exploitées sur le globe dépassent 930 000 kilomètres. L'Europe et l'Amérique en possèdent à elles deux les sept huitièmes (Europe, 35 pour 100 ; Amérique, 54 pour 100).

1° *L'Europe (sauf la Russie) a atteint la période des réseaux à mailles serrées*. Les principales lignes sont :

A) Du Nord au Sud (entre l'Océan et la Méditerranée) : les lignes *de Calais* (Londres) *à Marseille* ; *de Calais ou d'Anvers* (Londres) *à Gênes ou Brindisi* (pour le Levant) ; *de Hambourg à Trieste* ; *de Saint-Pétersbourg à Odessa*. Sauf la dernière et la première, elles franchissent les Alpes (V. 63).

B) De l'Ouest à l'Est : les lignes *de Paris* (Londres) *à Constantinople*, par Munich, Vienne et Buda-Pest (prolongement en Asie par le transasiatique) ; *de Paris* (Londres) *à Moscou*, par Berlin et Saint-Pétersbourg (prolongement en Asie par le Transsibérien).

2° *L'Asie et l'Amérique (sauf la région orientale des États-Unis, plus avancée) en sont à la période des voies transcontinentales*.

A) Les voies asiatiques (moins nombreuses) sont : le *Transsibérien*, qui aboutit soit à Vladivostok, soit à Pékin (prolongement en voie de construction dans la Chine Méridionale) ; le *Transcaspien*, qui tend à unir la Caspienne (Krasnovodsk) à l'Inde (terminus actuel : Hérat) et à la Chine (terminus actuel : Samarkand) ; le *Tra*nsasiatique, à peine commencé, qui unira la Méditerranée au Golfe Persique.

B) Les voies américaines (plus nombreuses) sont : au Canada, le *Transcanadien* (Halifax-Vancouver) ; aux États-Unis, le *Nord-Pacifique*, le *Central-Pacifique*, l'*Atlantique-Pacifique*, le *Sud-Pacifique*, qui unissent New-York à Astoria et à San-Francisco (via Chicago, Saint-Louis ou la Nouvelle-Orléans) ; dans l'Amérique du Sud, le *Transandin* (Buenos-Aires-Valparaiso), presque achevé.

3° *L'Afrique et l'Australie sont à peine à la période des chemins de fer de pénétration*.

A) En Afrique, les seules régions bien desservies sont l'Algérie-Tunisie, la Basse-Égypte et l'Afrique Australe. Des multiples *projets* de « transafricains », *Transsaharien*, *Congo-Océan Indien, le Cap-le Caire*, le dernier sera le plus utile et peut-être le seul exécuté (nombreux tronçons achevés).

B) En Australie, les seules régions bien desservies sont l'Australie du Sud-Est et l'Australie Occidentale. Un *projet* de *Transaustralien*, par la côte méridionale, est en voie d'exécution.

195. Le monde moderne possède trois grandes voies maritimes. — L'Europe Occidentale, le premier des grands foyers économiques du monde moderne, est unie aux trois autres par trois grandes voies maritimes :

1º La voie *Méditerranée-Océan Indien*, entre Europe Occidentale et Extrême-Orient, est de beaucoup la plus fréquentée, grâce au **Canal de Suez**, dont la percée a diminué *de plus de moitié* la longueur du parcours entre Marseille et Bombay. Plus de la moitié du trafic du canal se fait *sous pavillon anglais*. Le transit par voie ferrée entre Europe et Extrême-Orient ne fait aucun tort au transit maritime.

2º La voie *Atlantique-Nord*, entre Europe Occidentale et Amérique du Nord, est sillonnée par les steamers *les plus rapides* du monde, et met l'Europe *à 6 jours* des États-Unis.

3º La voie *Atlantique-Sud*, entre Europe Occidentale et Amérique du Sud, met Bordeaux à *21 jours* de Buenos-Aires.

3º Les **voies secondaires** les plus importantes sont : les *voies américaines* entre Canada, États-Unis et États de l'Amérique du Sud ; les *lignes proprement méditerranéennes*, entre pays riverains de la Méditerranée ; les *lignes du Pacifique*, océan trop vaste, trop troublé par les cyclones et trop pauvre en terres et en escales. Pour ces raisons, il sera toujours moins fréquenté que la voie de Suez, même après le percement de l'Isthme de Panama, qui servira surtout les intérêts commerciaux et militaires des États-Unis.

196. Les différents points du monde sont reliés par des lignes télégraphiques et des câbles sous-marins. — Dans la plupart des régions du globe le réseau télégraphique en est au même stade de développement que le réseau ferré. Mais sur certains points le premier a préexisté (Transsibérien) ou préexiste encore au second (Transaustralien).

Pour les **câbles sous-marins**, la presque totalité en appartient à l'Angleterre, à la France, à l'Allemagne et aux États-Unis. *L'Angleterre* possède le réseau le plus étendu (les trois quarts du monde entier) et le seul complet.

197. Les grandes voies de communication exercent une influence profonde sur la vie économique du globe. — Grâce aux grandes voies de communication, les pays *grands producteurs* peuvent inonder les pays *petits producteurs* de leurs produits. Contre cette invasion économique, un État moderne peut :

1° Ou bien se protéger par des *tarifs douaniers*, qui arrêtent les produits étrangers à la frontière, au risque de recevoir des autres États un traitement analogue, qu'il ne supportera qu'à la condition de pouvoir se suffire à lui-même ;

2° Ou bien se spécialiser dans les productions pour lesquelles les *conditions naturelles* lui donnent des avantages sur les autres États, quitte à demander à ceux-ci les autres produits nécessaires à sa consommation.

C'est à cette seconde méthode que les grands États du globe ont le plus souvent recours. Elle crée entre eux tous une *solidarité économique*, qui est peut-être le trait le plus important de la géographie humaine du monde actuel.

TABLE DES MATIÈRES

Pages

L'EXTRÊME-ORIENT

LES ÉTATS-UNIS

L'AMÉRIQUE DU SUD

Paris. — Imprimerie LAHURE, 9, rue de Fleurus.